met vriendelijke groet
van
Ine Veen & Jan Thomas(?)

De absurde realiteit van Jean Thomassen

Jean Thomassen en Ine Veen, Hotel des Indes, januari 1991.

Gerard van Hulst

De absurde realiteit van Jean Thomassen

met bijdragen van

Drs Johanna Jacobs, conservator
Museum 'Het Markiezenhof' te Bergen op Zoom

en

Prof.dr H.D. Scheider, conservator Egyptische afdeling
Rijksmuseum van Oudheden te Leiden

VAN SOEREN & CO
Amsterdam 1995

© 1995 Jean Thomassen, 's-Gravenhage

ISBN 90 6881 055 3

Niets uit deze uitgave mag worden verveelvoudigd en/of openbaar gemaakt, door middel van druk, fotokopie, microfilm of op welke andere wijze dan ook, zonder voorafgaande schriftelijke toestemming van de copyrighthouder.

Inhoud

Gerard van Hulst (1909-1990) — 7
door Drs Johanna Jacobs

De bizarre denkwereld van een kunstenaar — 9
'Hij zal wel nooit leren tekenen...' — 12
Geweigerd door de Academie — 14
Nederlands mooiste actrice — 16
Mathilde Willink — 22
De eerste solo-expositie — 25
Wedergeboorte — 27
Guttegom en knechtjenspis — 28
Mummie in de koffiemolen — 30
Schildertechniek — 32
Medusa, een vrouw met een huidziekte... — 36
Buitenland — 40
Het naaktmodel — 41
Het mysterieuze atelier — 44
De billen van Venus — 47
Portretschilder — 50
De vader van de schilder — 53
Als er ooit een portret van mij gemaakt wordt... — 55
Magisch realisme — 57
Discretie verplicht — 58
I remember — 60
De Egyptische oudheid — 62

Een 'scherf' op het doek — 63
door Prof.dr H.D. Schneider

Valley of the Kings — 65
The voice of Egypt no.1 — 66
The voice of Egypt no.4 — 69
The voice of Egypt no.5 — 70
Bedrijfsleven — 72
Het hoofd van de slager — 74
Awards — 77

De absurde realiteit van Jean Thomassen — 81
door Drs Johanna Jacobs

1900 & Yesterday 88
Amsterdam — 91
Matchbox over Amsterdam — 93
Gone are the days' — 95
De toren van Babel — 97
Zelfportret — 99
Den Haag met Ridderzaal — 102
April in Paris — 103
28 x Rembrandt — 105

Souvenir d'Anvers	107
Flying saucers Rock and Roll	109
Crying cherries	111
Skizzo's are coming	113
Love letters	115
Winter in Amsterdam	116
Flophouse with buttons	118
Het Markiezenhof	120
In de negentiger jaren	122
Meningen over de schilder	125
Literatuur	127

Gerard van Hulst (1909-1990)

Gerard van Hulst was de eerste die een aanzet maakte tot het schrijven van een biografie van Jean Thomassen en een beschrijving van diens absurdistische werk. Hij begon hiermee in 1987 en zette deze werkzaamheid voort tot zijn dood in 1990.

Jean Thomassen leerde Van Hulst kennen toen deze al hoogbejaard was. Van Hulst was een bijzonder mens die zijn sporen op allerlei terreinen van het culturele leven had verdiend. Hij was directeur-eigenaar van het museum in Oosterwolde. Daarnaast schilderde hij in de COBRA-stijl.

De eerste kennismaking met het werk van Jean Thomassen was voor Van Hulst geen onverdeeld genoegen. Het werk stuitte hem tegen de borst. Dit vormde echter geen belemmering voor het ontstaan van een vriendschap tussen beide schilders, gebaseerd op wederzijds respect voor elkaar en elkaars schilderwijze. Het was deze vriendschap die Van Hulst ertoe bracht het leven en de werken van Jean Thomassen te beschrijven. Ervaring op dit terrein had hij opgedaan met het schrijven van een leerboek over kunstgeschiedenis dat bestemd was voor de middelbare school, en dat meerdere herdrukken beleefde. Alle gebieden van de kunst interesseerden hem en hij gaf lezingen over onder andere ikonen, de middeleeuwse religieuze kunst, en de tempels in Egypte.

De auteur geflankeerd door de schilder en zijn model, Pasen 1989.

Jean Thomassen herinnert zich van Gerard van Hulst: 'Nee..., hij vond niet alles mooi. Hij had een hekel aan mijn zelfportretten als het hier ging om "look a like" portretten. Pas als het gek was, vond hij het leuk. Hij had een hekel aan dat realisme waarin men braaf iets kopieert wat op een foto lijkt. Dat gedoe van een keurig geschilderd glazen vaasje met een ui en een tafelkleed. "Ouwe koek, dat deden de 17de eeuwers veel beter" zei hij terecht.'

Vijf jaar na zijn dood verschijnt deze allesomvattende publicatie over Jean Thomassen. Zijn bijdrage, die hierin is opgenomen, vormt een hommage aan de bijzondere mens en vriend die hij was.

Drs Johanna Jacobs, conservator

De bizarre denkwereld van een kunstenaar

Dat men in het leven op de meest onverwachte momenten de verbazingwekkendste dingen meemaakt is eenieder wel bekend. Zo had ik, die zelf de abstracte schilderkunst beoefen, op 9 augustus 1986 het onverwachte genoegen een collega te ontmoeten die naar mijn mening wel erg verschilde van zijn huidige Nederlandse kunstbroeders.

Bij onze eerste ontmoeting bleek Jean Thomassen een zeer innemend mens met een leergierige belangstelling en encyclopedische kennis wat betreft archeologie, genealogie, heraldiek, kunstgeschiedenis en egyptologie – takken van wetenschap die voor een deel ook tot mijn stokpaardjes behoorden. Toch voelde ik dat er nog iets anders achter hem schuil ging. Door zijn overtuigende verteltrant ontdekte ik dat hij op een bijna duivelse manier bezeten was van zijn roeping als schilder. Kijkend naar zijn werk, waarin humoristische taferelen zich afwisselen met gruwelijke voorstellingen, begreep ik dat het niet eenvoudig zou zijn om het karakter van de maker te doorgronden. Dikwijls spraken de bonte voorstellingen mij wel aan, maar vaker nog stuitten ze mij tegen de borst en bekeek ik ze met afschuw. Dat ontging hem uiteraard niet; immers, het was zijn bedoeling om de kijker tot nadenken te stemmen. Onze van meet af aan prettige verstandhouding leidde ertoe dat wij vaak over zijn werk praatten, iets wat hij nooit eerder had gedaan. Zijn indoctrinerende manier van redeneren duldde geen tegenspraak van de toehoorder. Achteraf bezien was het vaak beangstigend om te bemerken hoe ik geestelijk binnen de kortste keren werd gemanipuleerd in mijn denken bij het analyseren van een voorstelling op zijn schilderijen.

Wat fascineerde mij er zo aan? Was het de bizarre denkwereld die hij als geschilderde psychogrammen op de kijker losliet? Ik koester prettige herinneringen aan de keren dat wij samen musea bezochten. De grote voorkeur van Jean Thomassen ging uit naar het Amsterdamse Rijksmuseum en het Antwerps Museum voor Schone Kunsten. De reden lag voor de hand: hier hadden regelaars zich nog niet vergrepen aan het statige interieur dat tegenwoordig overal 'gemoderniseerd' dient te worden. In de praktijk betekent dit dat tweederde van de inventaris naar de kelder wordt afgevoerd. De tijd had hier stil gestaan. Hier deed hij zijn inspiratie op voor zijn versie van 'de toren van Babel' en zijn '28 x Rembrandt'. Het is een wonderlijk idee dat ik getuige heb mogen zijn van het ontstaan van deze schilderijen.

De kenners van zijn werk weten dat je van Thomassen letterlijk alles kunt verwachten. In zijn landschappen regent het verroeste spijkers of luciferhoutjes. We zien copulerende scharen of huizen met ritssluitingen, die net als de enorm grote sardineblikjes langzaam weg lijken te zakken in de drassige Nederlandse kleigrond. Een verdwaasd kijkende farao fietst langs met verkreukelde banden. Hij weet de overkant van de spoorwegovergang ternauwernood te halen. Een zwaar verroeste trein dendert voorbij en verminkt de tweewieler dusdanig dat men zich afvraagt hoe hij nog gebruikt kan worden. Bij het zien van een invasie uit de lucht door honderden dampende spiegeleieren krijgt de toeschouwer de neiging even te bukken. Jean Thomassen is ongetwijfeld de meest spraakmakende realist van deze

'28 x Rembrandt', 1989
linnen, 150 x 100 cm.
detail.
particuliere collectie.

tijd. Van zijn hand mag men géén keurig gepenseeld stilleven verwachten waarbij de kunstenaar een bijna fotografische kopie heeft gemaakt van ouderwets glaswerk, versleten bestek, wat rotte appels en een gedeukt blikken trommeltje, artistiek gerangschikt op een keukentafeltje dat nogal wormstekig is. Ook voor een realistisch geschilderde waslijn met daaraan oude onderbroeken met verstelstukken of de kapotte beertjes waar oma als kleuter mee speelde zult u naar andere kunstenaars moeten uitwijken.

Thomassen houdt ons een spiegel voor met een vreemde realiteit waarin we een kaleidoscoop van bonte beelden zien uit het leven van nu. Sommige toeschouwers zien er een romantische sprookjeswereld in, terwijl anderen het ervaren als een nachtmerrie. Men vindt hem banaal, vulgair en dubbelzinnig of romantisch, betoverend, cryptisch en vreemd, facetten die we in het leven van alle dag ook tegenkomen naar gelang onze stemming.

Met de intrede van graffititeksten beginnen de doeken een zeer authentiek karakter te krijgen. Zo kunnen wij op een werk uit de jaren zeventig lezen dat het dagmenu van een in een lucifersdoos gevestigd restaurant zal bestaan uit: een benzeencoctail en een boeuf de cadmium met carottes de plombe, welke gerechten men desgewenst kan wegspoelen met een château Arsenique grand cru 1972.

'Jullie', 1989
olieverf, 55 x 65 cm.
particuliere collectie.

Met dit type werk weet de maker kunstcritici te inspireren tot het ijverig schrijven van soms halve krantenpagina's: magistrale scheldkanonnades waarin de schrijvers zich afvragen in welke gesloten inrichting deze gevaarlijke gek wordt vermist; immers, welk normaal mens weet zulke wanstaltigheden te produceren?

Jan Wessels, midden jaren zeventig verbonden aan het *Nieuwsblad van het Noorden* besloot zijn verhandeling met de woorden: 'Mag ik hier kotsen of moet ik dat buiten doen!'. De lezers waren zeer verrast door zoveel venijn en togen in groten getale naar de Groningse Galerie. Hun mening was duidelijk een andere gezien alle rode stippen.

Wat eerder in datzelfde jaar 1977 hing werk in het van Reekummuseum te Apeldoorn. Kunstrecensent Rob van den Anker was duidelijk óók onder de indruk en meldde (doelend op de tentoongestelde miniaturen): 'Wat Jean Thomassen op de vierkante millimeter presteert is fabuleus!' Al met al curieus dat nota bene een realistische schilder grotere controversen weet op te roepen dan ik sinds de COBRA-jaren aantrof en waarvan ik toen zelf óók het mikpunt was.

Themata als: het onbenul, het vergeten idool en de dingen die voorbij zijn keren vaak in het werk terug. Niet alleen kunstkenners kijken verbaasd naar de doeken van Thomassen, ook het argeloze publiek dat deze werken toevallig in een galerie of museum ziet. Met één oogopslag weet hij de toeschouwer te vangen.

Een prachtig voorbeeld zijn de apenschilderijen. Is dat nu humoristisch, luguber of komisch, of een combinatie van dit alles? Op één van deze apenschilderijen zien we St. Nikolaas. Maar had die eigenlijk zo'n raar snorretje en van dat enge haar dat we kennen van de foto's van een griezelige dictator uit het groot Germaanse Rijk? Een mevrouw op de voorgrond heeft een groot dampend spiegelei op haar hoofd, waar iemand die we niet kunnen zien, gewapend met mes en vork een reepje uit gaat snijden. Haar jengelende zoontje heeft net het kritieke stadium bereikt waarin het onverantwoord lijkt de lijmklem om zijn hoofd nog verder aan te draaien zonder ongelukken te veroorzaken. Links vooraan zien we een jong stelletje: zij heeft een vlijmscherp potlood van oor tot oor dwars door haar hoofd; hij draagt schroefjes door zijn oorschelpen. Verder ontwaren we ook nog een modieus type met een omgekeerde bloempot op het hoofd waarop de kreet staat: 'I love Anna Pavlova'. Je ziet bezoekers verbaasd kijken en denken: 'Geinig tòch? Maar hoe heet zo iets nu? Blikken dwalen rond en zoeken naar de sticker met daarop de titel en de prijs. Dan verschijnt er een glimlach of er worden wenkbrauwen gefronst. Soms zelfs schalt er een bulderende lach door de ruimte. De titel luidt: 'jullie'!

De noodzaak van een Nederlandstalige oeuvrecatalogus begint onvermijdelijk te worden. Regelmatig duiken er in de kunstrubrieken van kranten en tijdschriften advertenties op waarin men fraaie schilderijen aanbiedt van de hand van Jean Thomassen. In de loop der jaren doken er bloemstukken op, zeegezichten, strandtaferelen en zelfs nu ook al abstracte werken van fors formaat. De schilder reageert altijd op deze annonces, zij het incognito. Er ontstaan dan fraaie dialogen door de telefoon: 'U had dus werk van Jean Thomassen te koop? Wat staat er precies op en uit welke tijd zijn ze?' vraagt een 'meneer Jansen'. 'Tja, ik heb hier in mijn galerie een paar schitterende bloemstukken van Jean Thomassen. Vrij recent geschilderd, en ook heb ik hier een paar grote abstracte doeken. Die zijn niet gesigneerd', zegt de andere stem door de telefoon. 'Waarom denkt u dat ze van Jean Thomassen zijn?' vraagt 'meneer Jansen' vervolgens. 'Nou meneer, ze zijn tóch gesigneerd. En die grote doeken zijn uit zijn academietijd, toen signeerde hij niets, hè'. Als 'meneer Jansen' vertelt wie hij werkelijk is en dat hij nog nooit deze schilderijen heeft gemaakt, wordt het gesprek wat stroever en eindigt het vaak abrupt.

De reden om te reageren heeft te maken met het feit dat er in de afgelopen jaren maar liefst 25 werken van zijn hand op tentoonstellingen in Nederlandse galeries werden gestolen. Ze moeten ergens in huiskamers hangen. Misschien werden ze door verkocht aan argeloze liefhebbers.

Het moet gezegd dat natuurlijk niet iedere advertentie per definitie een gestolen werk aanprijst of een vervalsing, maar toch zijn er mensen waar die werken thuis hangen en wat nog droeviger is, er zijn mensen die menen een werk van Thomassen te hebben, dat echter niet van zijn hand is....

'Hij zal wel nooit leren tekenen...'

Over zijn vroegste jeugd is niets bekend, alleen de vermelding dat hij op 5 september 1949 om 21.00 uur te Den Haag (twee maanden te vroeg) werd geboren als jongste van twee zoons uit het tweede huwelijk van B.T. Thomassen en C.J. Versluis. Zijn kinderjaren werden overschaduwd door een tragisch ongeval dat zijn verdere leven zou beïnvloeden.
Tijdens een val liep hij een onzichtbare blessure op aan zijn linker kniegewricht. Maar er werd geen aandacht aan geschonken tot het kereltje op een dag door zijn been ging en zijn pijnlijke knie zo zacht als een spons leek te zijn geworden. De ernstig geschrokken vader nam het joch mee naar een bevriende arts in het Haagse Militair Hospitaal, waar foto's werden gemaakt. De diagnose luidde: mergkanker. Nog diezelfde avond werd het 6-jarige kind opgenomen in het Rode Kruisziekenhuis waar men de diagnose bevestigde en de ouders adviseerde het linkerbeen van de jongen tot boven de knie zo snel mogelijk te laten amputeren omdat anders de levensverwachting niet meer dan een maand of twee zou bedragen. Vader Thomassen hoorde het allemaal rustig aan en zei: 'Wat heeft een kleuter van 6 nu voor levensbesef? En wat moet dat later worden? Een stumper met een houten been. Niks er van, dat been gaat er niet af!' Voor de zekerheid werd de begrafenis geregeld en het kistje opgemeten. Maar tot ieders verbazing stabiliseerde zich het rottingsproces.
Van de ziekenhuistijd herinnert de schilder zich niet veel, alleen het strompelen op krukken, het lopen in een beugel en de eeuwige jeuk onder het gips, waar hij met de achterkant van een breipen dagen lang in wroette. Er volgde een geïsoleerde jeugd. Hij had geen contact met leeftijdsgenoten omdat zijn ouders, bevreesd voor een herhaling van de ziekte, hem op doktersadvies thuis hielden. Buitenspelen en ravotten was taboe en in de vroege schooljaren mocht hij ook tijdens de pauzes niet naar buiten.
Hij kreeg dan een vel papier en kleurpotloden en moest maar wat tekenen. Hij ervoer dat in die jaren als een straf en kraste verontwaardigd zijn papier vol. De onderwijzeres zei eens tegen z'n ouders: 'Uw zoontje zal wel nooit leren tekenen', wijzend op de bekraste vellen met abstracte voorstellingen. Het enige wat hem in die jaren werkelijk interesseerde was de boekenkast met de encyclopedie, die begin jaren 50 erg kostbaar was en in zijn ouderlijk huis voornamelijk aanwezig scheen om indruk te maken op de visite. Hij was de enige die er vaak in keek en vooral de plaatjes met schilderijen maakten grote indruk. Een link tussen tekenen op school en deze schilderijen was er nog niet.
Moeder Thomassen, oudste dochter van een PTT-directeur, vond dat haar kinderen een goede opvoeding moesten krijgen en daar hoorde natuurlijk ook museumbezoek bij. Op een zondagmiddag zoefde ze met haar twee kinderen, in de voor de doorsneemens bekende snelheid door de ruimtes van het Haagse Mauritshuis. Na enige zalen ontdekte ze dat haar jongste kind ontbrak. Die stond nog in het eerste kabinet ademloos te kijken naar de kleine paneeltjes van Adriaen Brouwer en Frans van Mieris. De kleine jongen had voor het eerst ontdekt wat hij zijn verdere leven wilde gaan doen: schilderijen maken.
Op school begon het tekenen hem te interesseren en in enkele jaren tijd

veranderde zijn rapportcijfer van een 5 in een 10. Op het Haagse Gymnasium was het de bevlogen leraar Meynecke die het laatste duwtje in de goede richting gaf met zijn voor de schilder onvergetelijke diapresentaties van 17de-eeuwse schilderijen. Aan moederszijde was het traditie dat men studeerde en men was er van overtuigd dat er in Jean wel een advocaat of dokter schuil ging want kunstschilders vond men zielige stumpers en een fatsoenlijk mens koos niet voor een beroep waarmee je geen droog brood kon verdienen.

Op zijn 16de verjaardag kreeg Jean een kistje met verftubes en penselen. 'Als je nergens voor deugt kun je altijd nog kunstenaar worden', grapte zijn vader toen. De schilder merkt daarbij nú op: 'Gelukkig heeft vader dat kunstenaarsschap niet meer mee gemaakt, hij zou zich in zijn graf omkeren'.

Geheel tegen de zin van zijn familie besloot Jean zich te melden bij de toelatingscommissie van de Haagse Koninklijke Academie voor Beeldende Kunsten. Maar vlak voor dat dit zou gebeuren stierf zijn vader vrij plotseling aan een hartstilstand.

Geweigerd voor de Academie

We belanden in de roerige jaren zestig. De tijd van de proteststakingen tegen alles wat maar met gevestigde orde te maken had. Er waren acties tegen de oorlog in Vietnam, tegen het gezag en natuurlijk tegen traditionele kunstuitingen als realisme. Academie-directeur Beljon 'haalde' de Haagsche Courant door wat studenten toestemming te geven om alle oude gipsafgietsels die jaren lang dienst hadden gedaan als studiemateriaal voor vele generaties kunstenaars, naar de vuilstort te laten afvoeren en daar onder veel enthousiasme te laten kapot slaan. Technische vaardigheid zag men als een belemmering voor de vrije expressie, want kunst moest geëngageerd zijn en mocht natuurlijk niet in de smaak vallen bij de domme massa. Dat een kunstenaar niets verkocht was onbelangrijk; er was voor iedereen wel een subsidie, stipendium of regeling. Het was in dit klimaat dat een wereldvreemde 17-jarige jongen met een map fotografisch getekende portretten zijn opwachting maakte bij de toelatingscommissie. Er werd één blik geworpen in de map en deze werd meteen weer dichtgedaan alsof er iets smerigs in te zien was. Kandidaat afgewezen! 'Hoe dat zo?', vroeg deze verbijsterd aan een commissielid van het type ongeschoren, langharig met alpinopet en niet geheel okselfris. De uitleg was duidelijk: 'Wat jij maakt is rotzooi; dat heeft niks met kunst te maken. Jij bent gewoon een uitslover die zo nodig elk lijntje wil tekenen. Waarom koop jij geen fototoestel? Dan gaat het allemaal veel sneller'.
Wij mogen met grote dankbaarheid terugzien op het wijze besluit van de ongetwijfeld deskundige toelatingscommissie. Aan het inzicht van deze commissie danken wij anno 1995 een authentiek kunstenaar die kans zag zich te ontplooien en een volslagen eigen weg te gaan. Thomassen werd niet een kleurloze kopie van een academieleraar. Hij mag zich veeleer scharen in de rij van andere bekende kunstenaars die werden geweigerd en door deze miskenning gemotiveerd werden iets te bereiken.
Jean Thomassen verdween verbitterd naar Duitsland. Hij zou er vier jaar rondzwerven. Overdag werkte hij zo'n twaalf uur per dag en in de spaarzame vrije tijd schilderde hij. De weg naar het kunstenaarschap is wonderlijk en grillig. Zo weten wij dat Giotto eens als schaapherder ronddoolde. Murillo was ooit schoenmaker en Paul Gauguin sleet zijn dagen op een kantoor. Maar voor hen die geroepen zijn komt het moment dat ze geen weerstand meer kunnen bieden aan die innerlijke drang tot scheppen. Het is belangrijker dan een gezinsleven of het vooruitzicht op de zekerheid van een regelmatig bestaan; geld doet opeens niet meer ter zake. Voor Jean Thomassen kwam dit moment toen een bus met collega's bij Paderborn verongelukte. Men reed midden in de nacht tegen een betonauto; niemand overleefde het. Een paar weken later raakte Thomassen zelf gewond bij een auto-ongeluk in Dortmund en vond hij de tijd gekomen in het diepe te springen. Hij zou naar Nederland terugkeren en daar alleen nog maar schilderen en proberen zijn hoofd boven water te houden. Maar zo eenvoudig ging dat niet. In het ziekenhuis van Dortmund kwam men hem vertellen dat zijn werkgever al vier jaar lang geen premies had afgedragen aan de Krankenkasse en dat hij hier dus op eigen kosten lag. Zodra hij in staat was om te lopen reisde hij terug naar Nederland maar daar wachtte hem een andere verrassing. De

In de tijd dat de Haagse Academie hem weigerde vanwege zijn bijna fotografisch getekende portretstudies, ontstond dit bijna abstracte werk dat de cryptische titel 'Toethispep' draagt. Het meet 40 x 50 cm. Het is een bijzonder werk omdat het met twee andere schilderijen behoort tot de zeldzame 'moderne' uitwassen van de schilder. Dit werk is het oudst bekende waarop we ogen zien! Ze zullen nog decennia lang in zijn werk aanwezig zijn.

Amsterdam 1974.

Belastingdienst wilde graag over vier jaar belastinggeld incasseren. Een wonderlijke zaak omdat Thomassen die jaren in het buitenland gewoond had en daar keurig de verschuldigde belastingen had voldaan aan de Duitse overheid.

In dit klimaat begon hij in Nederland zijn loopbaan. Bij het arbeidsbureau stuurde men hem direct door naar de contraprestatie. Deze inmiddels verdwenen regeling was in het leven geroepen om kunstenaars een behoorlijk bestaan te bieden. In ruil voor een uitkering leverde men op vaste tijdstippen werken in. Eerst werden er kantoren mee volgehangen, maar toen iedereen zijn wanden vol had werden er pakhuizen volgestapeld. Iedereen die een penseel kon vasthouden en op een avondacademie enkele lessen had gevolgd werd tot kunstenaar gebombardeerd en kon rechten doen gelden op de contraprestatie. Jean Thomassen bracht het echter niet verder dan de infobalie. 'Op welke academie bent u geweest? En bent u lid van een kunstenaarsvereniging?' vroeg een dorre ambtenaar aan hem. Hij kon deze vragen niet positief beantwoorden en zijn aanvraag werd daarom niet in behandeling genomen.

Thomassen probeerde het bij het voorzieningsfonds, bij de aankooprondes voor de Gemeente Den Haag, de aankooprondes voor het Rijk en hij klopte ook aan bij de Commissie voor beeldende kunsten in Den Haag. Na tientallen beroepszaken nam de secretaris van de laatstgenoemde commissie hem even apart: 'Kijk eens hier, je bent autodidact en volgens de regels ben je dan geen kunstenaar. En je maakt nota bene nog realistische kunst ook! Man, dát kan toch niet? Volgens de toetsingscommissies is realisme geen kunst. Je maakt geen schijn van kans.' En dat klopte inderdaad. Miskend, rusteloos en volkomen platzak verhuisde Thomassen naar Amsterdam. Gedurende een jaar bewoonde hij een tweetal zolderkamers in de Amsterdamse Pijp. Met zijn werken onder de arm stapte hij galerieën binnen, maar niemand was in zijn werk geïnteresseerd. 'Hoe zei u dat u heette? Thomassen? ...nee nooit van gehoord' was de stereotype opmerking. Voor de echte gedreven kunstenaar maakt dat allemaal niets uit. Hij gaat door tot de laatste snik.

Op een dag liep Thomassen zijn tekenleraar Meynecke tegen het lijf die met stijgende verbazing het verbijsterende verhaal aanhoorde van zijn meest begaafde leerling. Hij ondernam direct actie en arrangeerde een afspraak met drs. Hein van Haren van het Haags Gemeente Museum. Deze luisterde geïnteresseerd naar het relaas en nam een historische beslissing. Hij kocht werk aan zodat de jonge schilder in ieder geval wat geld had om te eten. Zijn werk zou nu ook legitimiteit krijgen, immers wie zou in Nederland willen beweren dat hij niet deskundig genoeg was om te bepalen wat wèl of niet kunst was? En wellicht zouden de Haagse kunstinstanties nu een andere mening krijgen. Maar geen van de Haagse commissies zag reden om het eenmaal ingenomen standpunt te wijzigen; men negeerde het 'schilderbeest'. De pas opgerichte Haagse Kunstuitleen zat echter te springen om werk en wilde wél wat in de verhuur nemen, maar het liep wat anders dan voorzien: men huurde niet alleen de werken, men wilde ze vaak zelfs direct kopen. In de jaren dat de jonge schilder aan de Kunstuitleen werk leverde, werden maar liefst 40 werkjes verkocht. Het verschafte Thomassen de mogelijkheid te ademen en een boterham zonder beleg te kopen.

Nederlands mooiste actrice

In 1973 raakte de schilder gefascineerd door het beeldschone uiterlijk van oud balletdanseres, actrice, filmster, mannequin en fotomodel Ine Veen. Ze zal een blijvende plaats innemen in zijn werk.

Soms neemt het lot een wonderlijke wending... Eind januari 1973 besloot de schilder een doek te plamuren. Hij spreidde een stapeltje oude kranten uit op zijn ateliervloer en keek gebiologeerd naar een glamourfoto in *De Telegraaf* van 16 januari waarin Henk van der Meyden een artikel had geschreven over Nederlands mooiste actrice die met een half dozijn zwerfkatten een 17de-eeuws Jordaanpandje bevolkte. Ine Veen was niet getrouwd en haar privé leven bleef een mysterie. Ze was één van de meest begeerde Nederlandse vrouwen die als eerste luchtig gekleed in kleur verscheen in *Panorama* en de verkoopcijfers tot ongekende hoogte wist op te peppen door haar beeltenis. Maar dat was iedereen eigenlijk al bekend. Haar gezicht werd in 1972 gebruikt voor reclame op elk gebied. Paginagroot probeerde ze de krantenlezer te overtuigen dat hij of zij niet gelukkig kan zijn zonder de pen die ze sensueel tegen haar lippen drukte. Ze was hèt gezicht dat in heel Europa Oil of Olaz aanprees en ook treffen we haar aan op de platenhoezen van Frank Pourcel en James Last. Ze kreeg bijna dagelijks pakken brieven, huwelijksaanzoeken en cadeaus van stille aanbidders. Eind januari zat er tussen de gebruikelijke stapel ook een brief van een Haags schilder die graag wat foto's van haar wilde hebben omdat hij haar wilde schilderen. Er ontstond een briefwisseling en regelmatig trof Ine polaroidfoto's aan van schilderijen waarop haar gezicht was te zien.

De brieven liggen ruim 17 jaar later nog vers in de herinnering van de inmiddels zelf schilderende actrice: 'Er was iets wonderlijks mee. Ik kreeg veel post van mannen die altijd vroeg of laat een afspraak probeerden te arrangeren. Thomassen ondernam niets in die richting en dat intrigeerde me.' In het voorjaar van 1973 benaderde Yuenfilms uit Taiwan haar met een contract voor de vrouwelijke hoofdrol in een karate-film. Haar tegenspeler werd Bruce Lee. Toen deze plotseling stierf hing het voortbestaan van de film aan een zijden draad, doch men huurde Kam Tong in voor de opengevallen mannelijke hoofdrol. In sneltreinvaart probeerde men de verloren gegane tijd in te halen en deze in het Chinees op te nemen film op het celluloid vast te leggen. De laatste scènes werden in Scheveningen opgenomen. Als op een draaidag Ine wat eerder klaar is dan gepland besluit ze onverwachts eens een bezoek te gaan brengen aan de Haagse schilder. Toen ze aanbelde op Koningin Emmakade 96 werd dit het begin van een onverwoestbare en levenslange vriendschap. Voor Jean had het hele bizarre gevolgen; kon hij enige maanden daarvoor nog geen snee droog brood kopen, nú zat hij zowaar te tafelen in het chique Londense Ritzhotel waar Ine hem mee naar toenam. Ze was gevraagd om aanwezig te zijn op een party met leden van een Engelse TV-serie. En hier zat hij nu aan de champagne.

Ine begon een vaste plaats in zijn werken te krijgen. We herkennen haar op 'Allegorie op Venus', een curieus schilderijtje wat te zien was op de door Billiton georganiseerde wedstrijd. Een speciale commissie van het bedrijf selecteerde werken voor deze expositie en koos ook deze vroege Ine Veen. Op de achtergrond herkennen we de Haagse woning van de kunstenaar. In de periode 1973-1978 zijn het vooral kleine formaten die Thomassen

'Allegorie op Venus', 1974
olieverf, 18 x 24 cm.
collectie Vandersloot.

vervaardigde. De reden hiervoor was nogal simpel: geldgebrek. Toch bestaan er ook wel werken met een groter formaat, zoals 'Erichto', dat zich nu in een Amerikaanse collectie bevindt. Het is een uiterst interessant doek omdat dit de eerste poging werd voor een absurd werk, dat zelfs tot de verbeelding spreekt als men de gruwelijke vertelling van Lucanus niet gelezen heeft die model stond voor dit tafereel.

'Lucan's Erichtho', 1975
olieverf, 100 x 120 cm.
particuliere collectie, New York.

'Frenzy', 1972
marouflé, 40 x 50 cm.
particuliere collectie.

'Portret van een dame', 1975
linnen, 30 x 24 cm.
particuliere collectie.

In 1975 publiceerde een Haagse krant de eerste karikatuur van de van zijn model bezeten schilder.

.... *Ine Veen „ziek" van dat geschilder?* ....

'Eva', 1976/77
olieverf/paneel, 2 x 4 cm.
particuliere collectie.

'Ine', 1976/77
paneel, 6 x 10 cm.
verblijfplaats onbekend.

'Roman lady', 1977
paneel, 6 x 10 cm.
Vandersloot collectie.

'Centurion', 1977
paneel, 6 x 9 cm.
Vandersloot collectie.

'Gladiator', 1977
paneel, 7 x 9 cm.
Vandersloot collectie.

'Ine Veen', 1977
linnen/olieverf, 40 x 30 cm.
particuliere collectie.

'Carthago', 1978
paneel, 7 x 4 cm.
verblijfplaats onbekend.

'Moeder en kind', 1977
linnen/olieverf, 24 x 30 cm.
verblijfplaats onbekend.

'Rebound 2', 1978
olieverf/paneel
Vandersloot collectie.

'Weeping for Troy, 1976
linnen/olieverf.
formaat en verblijfplaats
onbekend.

Mathilde Willink

In een atelier stonden schilderijen op een koper te wachten maar de maker was niet zakelijk en in het geheel niet in geld geïnteresseerd. Hij werkte aan een enorm groot doek van twee en een halve meter waar Ine af en toe eens naar kwam kijken. Op een morgen bleek de schilder het in repen te hebben gesneden uit onmacht dat hij niet kon maken wat hij wilde. Hij vernietigde trouwens regelmatig werk dat hem niet aanstond.

Ine pakte op een dag enkele kleine werken en stapte daarmee Galerie Artim binnen, midden jaren '70 het Mekka van de realistische kunst. Manager Jan Blok keek verbaasd op toen hij de bekende vrouw in zijn galerie ontwaarde. De werken bevielen hem wel en hij zou ze exposeren op een groepsexpositie die in oktober gehouden zou worden. 'U komt toch ook bij de vernissage?' vroeg hij voorzichtig. 'Natuurlijk, reken maar', zei de beeldschone actrice opgewekt.

Op 16 oktober had manager Jan Blok de pers laten opdraven. Ine Veen was keurig op tijd en had haar vriendin Mathilde Willink meegenomen. De pers schoot veel plaatjes van de beide dames. Eén fotograaf had zowar nog een opname over op zijn rolletje en maakte een historische foto van de debuterende schilder. In de recensies uit die tijd lezen we dat: 'Jean Thomassen meedeed met 6 werken, waaronder 3 razend knap geschilderde miniaturen'.

Wat herinnerde de schilder zich van Mathilde? 'Tja... dat was een heel unieke vrouw, de absolute koningin van het Amsterdamse uitgaansleven. Eén levende reclamezuil voor Carel die zijn roem uitsluitend aan haar te danken had. Wie nu de interviews met haar leest, of de boeken over haar,

Tijdens een onderonsje met Mathilde Willink, Galerie Artim, Den Haag, 16 oktober 1976.

In Galerie Artim, Den Haag, 16 oktober 1976.

'Miniatuur Carel Willink', 1976
olieverf/eikehout, 6,8 x 9,8 cm
particuliere collectie, Zandvoort.

krijgt daar het beeld voorgeschoteld van een wat domme vrouw die het geld van een succesvolle schilder over de balk smeet. Maar dat is onjuist. Het zijn maar enkele insiders die weten dat er achter al die opsmuk een uiterst intelligente vrouw schuilging die alles over kunstgeschiedenis kon vertellen en zelfs wist dat Lucio Fontana schilderijen maakte die wit waren met scheermessneden er in. Ik herinner mij nog hoe ze met Ine binnenkwam. In haar sappige met Zeeuws dialect doorspekte taaltje zei ze: "Thomassen, jij wordt nog eens heel beroemd". En vol bewondering keek ze naar het piepkleine portretje dat ik van Ine schilderde als Eva, het is maar enkele centimeters groot.

Zodra er fotografen waren of journalisten speelde Mathilde haar rol van V.I.P. Ze leek een actrice die handig haar publiek bespeelde en de pers hing aan haar lippen.

Ik moest vooral eens langskomen op de Ruysdaelkade. Ze woonde vlak tegenover het Rijksmuseum. Willink was een vrij slanke man, veel kleiner dan ik mij had voorgesteld. Hij zette thee en liet mij boven een van zijn laatste werken zien. Mathilde naakt, zittend voor een vijver met op de achtergrond een landschap. Mathilde dwarrelde door het huis en telefoneerde in een zijkamertje. Overal zag je op de grond van die smaragdgroene pluisjes van struisveer van haar jurk die wat aan het slijten was', aldus Jean Thomassen. Hij maakte een miniatuur van Willink weggezakt in het grind. Op de achtergrond Mathilde naast een grafsteen. Het is heel bizar dat Mathilde Willink enige maanden later werd vermoord. In 1984 schilderde hij van haar trouwens nog een portretje en profiel.

Bij Galerie Artim was men duidelijk in zijn nopjes met de vele publiciteit die deze onbekende schilder meebracht. Men boekte hem meteen voor een nieuwe reeks groepstentoonstellingen.

'Mathilde Willink', 1984
olieverf/linnen, 18 x 24 cm
particuliere collectie, Amsterdam.

De eerste solo-expositie

Eind 1976 kocht het Haags Gemeente Museum Thomassen's doek 'Memory' aan. Een historisch moment, volkomen haaks op het feit dat de schilder in dat jaar keurig werd geweigerd voor de contraprestatie en ook zijn verzoek om aankoop van de kant van de Gemeente niet werd gehonoreerd. Maar hij had besloten dat de Haagse instanties van nu af aan niet meer de moeite waard waren kostbare tijd aan te verknoeien. Het jaar 1977 scheen de schilder goed gezind. Het begon met groepstentoonstellingen in het Cultureel Centrum 'De Koningswei' in Tilburg en in het Van Rekummuseum in Apeldoorn. In Hilversum begon het werk van de schilder op te vallen. Bert van der Veer, nu programmadirecteur van RTL, toen nog journalist bij het *Utrechts Nieuwsblad* en juist enige tijd actief bij Veronica, wilde een filmportret van de schilder en zijn model maken. Het is niet bekend waarom hij dit uiteindelijk niet zelf heeft gedaan en Tineke de Nooij werd benaderd. Als locatie werd kasteel Sypestein in Loosdrecht gekozen. Daar mocht Jean uitleggen waarom hij de mooie actrice deformeerde tot geschubde Medusa's en waarom hij antieke verfstoffen als malachiet, lapis lazuli en smalt gebruikte.

Nu meer dan 12 jaar later is dit filmportret nog steeds een fascinerend document met een heerlijke romantische sfeer.

Thomassen nam ondertussen ook deel aan de Koninklijke Subsidie, een wedstrijd voor jonge Academiekunstenaars, die in dat jaar in het Stedelijk Museum van Schiedam werd gehouden. Zijn inzending bestond o.a. uit 'Renaissance', dat een schril contrast vormde met de over het algemeen abstracte inzendingen. De samenstellers van de expositie schenen moeite te hebben met dit fotografisch geschilderde paneeltje. Het werd op een donkere plaats in het trappenhuis opgehangen, op een manier dat niemand aannam dat het bij de tentoonstelling hoorde.

Tijdens de vernissage van de eerste solo-tentoonstelling bij Galerie Job Art, Amsterdam, 1 juli 1977.'

Veronica besloot om het filmportret uit te zenden. Dat kwam erg goed van pas omdat Thomassen net met zijn werk in het Van Rekummuseum in Apeldoorn hing en men had er niets op tegen dat even te vermelden aan het eind van de documentaire. Het resultaat was dat de volgende dag alle werken van de schilder waren verkocht. Voor Ine was het duidelijk dat er nu toch echt eens een grote solo-tentoonstelling moest komen. Ze beproefde haar geluk bij Galerie Job-Art aan de Amsterdamse Herengracht. Grote namen in de schilderwereld wilden tegen forse betaling wel exposeren bij het geesteskind van multimiljonair Job Ritman, fabrikant van wegwerpbestek en eigenaar van de grootste particuliere collectie hedendaagse kunst.

Ine had geluk, ze trof Ritman persoonlijk aan en regelde even een tentoonstelling van 5 weken in de drukke zomerperiode. De onvergetelijke hoofdredacteur van *De Echo* Lou Polak schreef een groot artikel over 'de bezeten schilder die zo de rol van Jezus in de Passiespelen van Tegelen kon vertolken'.

De tentoonstelling bij Job Art werd vanaf de opening een eclatant succes. Voor het eerst van zijn leven had de schilder een vorstelijk bedrag verdiend. Job Ritman kocht trouwens voor zijn eigen collectie een flink aantal doeken, waaronder portretten met de beeltenis van Ine Veen. Enige jaren later stierf Job aan leukemie. Bij de inventarisering van zijn kunstcollectie bleken de Thomassens niet meer aanwezig te zijn. Waarschijnlijk zijn ze verkocht of cadeau gedaan aan directeuren van vliegtuigmaatschappijen die Ritman verblijdden met een miljoenenorder.

Wedergeboorte

Rond 1976 ontstond 'Renaissance', een subliem staaltje vakmanschap waarmee de kunstenaar bewees te kunnen werken in de traditie van de door hem als kind zo bewonderde Frans van Mieris. Het schilderijtje is niet veel groter dan een briefkaart en zo griezelig precies vervaardigd dat men in eerste instantie denkt met een foto van doen te hebben.

De titel heeft niets te maken met de quasi post-middeleeuwse voorstelling, maar toont de wedergeboorte van zijn model Ine. Voor de schilder moet het een nachtmerrie zijn geweest dat zijn steun en toeverlaat na twee gelukkige jaren zo ernstig ziek werd dat men voor haar leven vreesde. Henk van der Meyden publiceerde op 24 augustus 1974 zeer schokkende foto's van de doodzieke actrice die plotseling haar TV-opnamen moest staken en verruilen voor enkele maanden ziekenhuisbed. De lezers van *De Telegraaf* schreven lange brieven en stuurden kaarten. Ze werden met postzakken vol aangedragen. Ine herstelde gelukkig en kon na 6 weken de opnamen van haar rol van Maria van Artevelde voltooien.

De sterk verzwakte actrice zat in de bossen bij Blaricum met de schaduw van de dood nog rondom haar. Het is dat moment dat Thomassen vastlegde. Er bestaat één kleine voorstudie van die niet veel groter is dan een luciferdoosje.

Mecenas en verzamelaar Job Ritman was verrukt van 'Renaissance'. Hij kocht het aan voor zijn collectie tijdens de eerste solotentoonstelling in Galerie Job Art in 1977. Hij is er maar heel kort eigenaar van geweest want een Zandvoortse handelaar bood er 150% meer voor dan de vraagprijs. Job, handelaar in hart en nieren, verkocht het onmiddellijk. Sindsdien is het werk door vele handen gegaan en het is niet meer bekend waar het zich nu bevindt. Het werd vele malen afgedrukt bij artikelen die over de schilder in kranten verschenen.

Renaissance', voorstudie 1976
eikehout, 4 x 6 cm.
particuliere collectie.

Guttegom en knechtjenspis

De hoofdredacteur van het aloude schildermagazine *Palet* vernam dat er een kunstenaar was die ontzettend veel wist van 17de-eeuwse schildertechnieken. In het atelier van Thomassen stonden potten met antieke verfpigmenten die exotische namen droegen als guttegom en drakenbloed. Hij kon lyrisch vertellen over het arseenhoudende auripigment dat in 'knechtjenspis gesuyvert' diende te worden. De hoofdredacteur wist de kunstenaar over te halen maandelijks een rubriek vol te schrijven over zijn wetenswaardigheden.

Thomassen's belangstelling voor oude technieken was al heel vroeg aanwezig, maar werd door Carel Willink flink geactiveerd. Hij herinnerde zich nog één van hun eerste ontmoetingen. De oude meester was bezig met het restaureren van zijn 'Jobstijding' voor het Amsterdamse Stedelijk Museum. De lucht was aan het loslaten en de oorzaak lag volgens Willink bij het linnen. De eigenzinnige Jean Thomassen had daar een andere mening over en hij stond daar niet alleen in. De Utrechtse schilder Bram Thielen had Thomassen al eens gewezen op de plekken met blaasvorming in veel werken van Willink. Dat duidde er volgens Thielen op dat de verf niet aan het linnen hechtte en spontaan los liet. De boosdoener was schellak, een middel om meubels en violen mee te politoeren. Willink had ontdekt dat het een ideaal medium was om snelle absorbering van de olie uit de verf door de eerste verflagen tegen te gaan. Hij heeft het het grootste deel van zijn leven gebruikt. De was in de schellak droogt echter nooit geheel op. Als de verflagen hun viscositeit verliezen laten ze spontaan los. 'Als hij die lak inderdaad in al zijn werken gebruikte, zullen er over 50 jaar geen doeken meer van zijn hand bestaan' meende Thomassen, die deze techniek in samenwerking met het laboratorium van Talens testte en daar een bevestiging vond voor zijn beweringen. Het is geen op zichzelfstaand feit. Het is bekend dat veel werken van impressionistische schilders uit de vorige eeuw aan een zelfde soort kwaal lijden. 'Kijk maar eens naar de zonnebloemen van Vincent van Gogh. Ze zijn vuil grijsachtig geel. De mop is, dat ze knal geel waren toen ze geschilderd werden. Maar het geel was vervaardigd uit het goedkope loodchromaat dat een verbinding met zuurstof aangaat en langzaam vuil grijsgeel oplevert. Die schilders van toen mengden alle kleuren spontaan door elkaar en het gevolg was enorme craquelé. De firma Talens meent dat deze craquelé is ontstaan vanwege de ouderdom van het materiaal, maar dat is maar ten dele waar. Wie de moeite neemt te kijken naar werk van tijdgenoten van die impressionisten ontdekt dat het werk van Henner, Cabanel, en Bouguerreau bijna geen ernstige barstvorming kent. De reden? Een aantal van deze schilders maakte zelf verf die elke dag fris gewreven werd zonder toevoegingen', aldus Jean. Hij verwijst naar het feit dat een kleur als loodwit in enkele uren hoort te drogen. De verffabrikanten hebben er een droogtijdvertragende olie aan toegevoegd zodat men er nog dagen lang naar hartelust mee kan werken. Het rode kraplak had de nare eigenschap weken nodig te hebben om te drogen, daar werd dus siccatief aan toegevoegd. Zo heeft elke tubeverf wel een verhaal en het lijkt inderdaad wat riskant alles maar door elkaar te smeren. Dat laboratoria niet altijd gelijk hebben verduidelijkte Thomas-

'Dead as Allegory', 1976
paneel, 15 x 10 cm.
Vandersloot collectie.

sen met een simpel voorbeeld: 'Iedere chemicus kan je vertellen dat een mengsel van oker, echt kwikhoudend vermiljoen en loodwit op den duur een zwarte massa gaat opleveren; lood en kwik houden niet zo erg van elkaar. Maar waar maakte Rubens nu zijn prachtige vleestinten mee? Loodwit, echt vermiljoen en oker! Een wonder? Wel nee ... hij beheerste zijn vak en gebruikte een dik medium om deze tinten te mengen. Het medium was er oorzaak van dat de deeltjes loodwit geen verbinding aangingen met het kwikhoudend vermiljoen.'

Mummie in de koffiemolen...

Wie op bezoek gaat bij Jean Thomassen doet er goed aan voor aangeboden koffie te bedanken, want het is geen geheim dat hij voor veel schilderijen een bruine verf gebruikt die is ontstaan uit brokken in de koffiemolen gemalen mummieresten!
Een laborant van de firma Talens tikte de schilder op zijn vingers: 'Fout, meneer Thomassen! Mummie droogt nooit, het is een bitume, daar krijgt u scheuren van! Heeft U trouwens voor ons een paar stukken? Voor onze collectie...'
Het is inderdaad waar dat Thomassen mummieresten gebruikt in schilderijen. Vroeger heette mummie ook Jodenpek. Deze naam op tubetjes zou nu leiden tot protesten, maar hij is niet door de kunstenaar bedacht. Asfalt kwam in Palestina op enkele plaatsen in de natuur voor. De Egyptenaren gebruikten het voor het mummificeren en deze stof was in de 19de eeuw erg in trek. Fabrieken gingen het in tubes stoppen en schilders gebruikten het erg kwistig. Negentiende-eeuwse schilderijen zijn door iedereen te herkennen aan de enorme scheuren in de donkere asfaltkleuren. Musea hangen 19de-eeuwse werken nooit in de zon omdat ze weten dat de verf dan 'gaat lopen'. Asfalt droogt nooit op ondanks liters siccatief die juist de scheurvorming vergroten.
Des te opmerkelijker is het dat deze kleur ook in de 17de eeuw werd gebruikt maar toen nooit voor problemen zorgde. Toen wist men echter dat asfalt of mummia alleen te gebruiken was als laatste glacislaag en beslist niet als verf waar men gezellig mee kon mengen. Men moet vooral kritisch blijven, ook bij gerenommeerde fabrieksverf. De 'Oudt Hollandse verfmakerij', ook bekend als 'de Scheveningse' claimt tegenwoordig al in de 17de eeuw te zijn opgericht. Volslagen onzin natuurlijk, want één van de gebroeders Roelofs van de bekende schilderfamilie, heeft in Scheveningen in de vorige eeuw dit fabriekje opgezet uit onvrede over de toen zeer slechte verf in de winkels. Bij het lezen van etiketten dient men sowieso terughoudendheid te betrachten: een 'natuurlijke' aardkleur is al heel lang niet meer natuurlijk, de okers worden in de fabriek bijgekleurd en de bekende natuurlijke Veronese groene aarde bestaat zelfs uit 4 componenten. Reactie van de fabrikanten: 'We hebben graag een constante kwaliteit, dan is het publiek tevreden'. Iedereen moet maar gebruiken wat hij of zij het beste vindt, meent Jean Thomassen.

'Important words'
linnen, 24 x 18 cm.
verblijfplaats onbekend.

Schildertechniek

Heb je een eigen techniek of een aparte methode? 'Ik denk het wel. Ik heb nooit les gehad, want academies wilden mij niet hebben. Merkwaardig genoeg wordt ik nu door academisch geschoolde collega's benaderd inzake technieken. Dat er in de winkels zoveel inferieur materiaal wordt verkocht komt door het publiek. Als men bepaalde rommel niet meer koopt, produceert een fabriek het gewoon niet meer. Zelfs fabrikanten durven te zeggen dat schilderkarton rotzooi is, uitsluitend bedoeld voor een vlotte schets. Op wat voor karton het is geplakt kan je alleen vaststellen als je al het opgeplakte papier er af zou weken, en dat gaat nogal moeilijk in de winkel. Het linnen is natuurlijk geen linnen maar een inferieure katoen. Wie zo'n schilderkarton op een vochtige zolder zet, vindt na enkele jaren niet veel goeds meer terug. Maar ja, men vindt het lekker goedkoop en makkelijk en daarom koopt men het.
Het is jammer dat veel kunstenaars niet erg geïnteresseerd zijn in het materiaal waarmee ze werken. Ik ken meta-realistische schilders die een plaatje hardboard met een laagje gesso insmeren en er vervolgens vrolijk op los penselen. Hardboard is lekker glad en zo'n honderd jaar bekend. Al in het begin van deze eeuw hebben kunstenaars het gebruikt, maar de vezels van hardboard werden met een donkerbruine olie tot board verwerkt en die bruine olie wordt met het klimmen der jaren steeds bruiner. Het schilderij erop óók. Het is ook af te raden goedkope linnensoorten te gebruiken. Het beste is 100% linnen doek van Belgisch fabrikaat.
Voor kleine formaten gebruik ik multiplexpanelen waar ik linnen opplak. Mochten er schadelijke stoffen in het multiplex zitten, dan kunnen die mijn verflaag niet bereiken. Dit is een ideaal concept, alleen niet bruikbaar met grote formaten; dan zou een schilderij kilo's gaan wegen. Voor grote formaten dus linnen op spieramen.
Het hout van die spieramen is ook erg belangrijk. We leven in een weggooi maatschappij, iedereen heeft haast, ook de fabrikant van spieramen. Vroeger werd het hout natuurlijk gedroogd; tegenwoordig gebeurt het kunstmatig en vaak onvakkundig, getuige de vele kromme spieramen bij de vakhandel. Deze mededelingen zijn natuurlijk niet bestemd voor de amateur die graag een doekje vol schildert, laat die vooral zijn plezier niet laten bederven met deze technische informatie. Het plezier van het schilderen moet voor hem voorop blijven staan.
Voor mij zijn mijn schilderijen mijn kinderen. Ze moeten de tand des tijds weerstaan en er over een paar honderd jaar nog zijn. Dan telt alleen het werk nog, niet wie je was, wie je kende of waar je exposeerde. Dat fanatisme mis ik bij veel collega's die werk maken waarvan je kunt zien dat ze de trein nog moesten halen. Ze schijnen alleen geïnteresseerd in de verkoop.'

'Eva'
olieverf/marouflé, 18 x 30 cm.
Vandersloot collectie.

'Free at last', 1976
linnen, 50 x 60 cm.
particuliere collectie.

'Tribute to W.', 1977
linnen, 18 x 18 cm.
particuliere collectie.

Medusa, een vrouw met een huidziekte...

Van kindsbeen af bewonderde Jean Thomassen de klassieke oudheid. Hij wilde alles weten over wat de oude schrijvers te melden hadden. Al heel jong verslond hij hun pennevruchten. Homerus' meesterwerk over de belevenissen van Odysseus ervoer hij als erg gewelddadig. Herodotos vond hij fascinerender, vooral diens boek over het oude Egypte, en Ovidius behoort nog steeds tot zijn favoriete auteurs.
'Weeping for Troy', 'Senators', 'Cochon gris' en 'Sittin' on the Balcony' ontstonden in de jaren zeventig naar aanleiding van het herlezen van deze schrijvers. Uit die zelfde periode kennen we veel miniaturen met daarop Griekse schoonheden, Romeinse gladiatoren of fraaie ruïnes.
De meest controversiële schilderijen uit die tijd, en wellicht de voorbode voor het latere absurde werk, is de Medusareeks. Het allereerste Medusawerk moet rond 1976 zijn ontstaan: 'Lapis Medusa'. Het bevindt zich nu bij een collectionneur in Limassol. In dit schilderij werd echt ultramarijn verwerkt. In vroeger eeuwen betaalde men het blauwe poeder in goud. Het was de duurste verfstof die we nu nóg kennen. Het kostte erg veel moeite deze schitterende kleur uit het keiharde Lapis Lazuligesteente te winnen. De gebroeders Van Eyk hebben het verwerkt en ook Johannes Vermeer en Rubens. Wie de Gorgoon Medusa aankeek, versteende, zo luidt het verhaal. Het is waarschijnlijk deze symboliek die de kunstenaar deed besluiten deze verfstof te gebruiken.
Een kunstcriticus schreef er over: 'Het is toch meer dan schandalig dat het mooie gezicht van Ine Veen zó wordt toegetakeld. Heeft die schilder soms een hekel aan haar?'
'Perseus meets Medusa' leidde ook al tot irritatie. Thomassen vond het een leuk idee om nu eens Perseus' hoofd in plaats van dat van Medusa af te hakken. Misschien om de toeschouwer eens op de proef te stellen wat betreft diens mythologische kennis.
De bijna salamanderachtige gestalte van zijn model kijkt ons niet aan. Nonchalant heft zij het afgeslagen hoofd van Perseus op, dat trouwens veel lijkt op dat van de schilder uit die tijd, en ze gaat het met een zwaai haar zwarte kat toewerpen. Zwarte katten golden in vroeger eeuwen als symbool van de duivel. Dat Medusa een sprookjesachtige figuur is, wordt onderstreept door het feit dat zij over eerder afgeslagen hoofden wandelt en deze niet verplettert door haar gewicht. De kat kijkt verlekkerd omhoog. Links zien we een soort mummie met nog slechts één oogbal. In haar hand heeft ze een ketting geklemd van rode en groene kralen.
De kunstrecensent van de *PZC* schreef op 7 oktober 1977 dat de schilder nog maar eens het verhaal van Perseus moest nalezen omdat hij klaarblijkelijk niet wist dat Medusa in plaats van Perseus werd onthoofd!
Medusa nummer III vermocht bij de schrijvende pers ook al agressie op te wekken. Men had het over 'Ine Veen met tuinslangen', want de maker had het gezicht geen schubben gegeven en de slangen op haar hoofd werden op een wijze gerangschikt die we kennen uit de Art Nouveau-periode.
Wat vond de schilder over al deze kritiek? 'Een goed schilderij kan twee reacties oproepen: of je vindt het zó mooi dat je er alles voor over hebt om

'Lapis Medusa', 1976
olieverf/linnen, 50 x 60 cm.
particuliere collectie, Limassol.

het te kopen of je vindt het zó lelijk en het maakt je zó kwaad dat je het het liefst in de fik zou steken. Zo'n schilderij is een goed schilderij. Veel erger is het met al die andere werken waar men langs loopt zonder er nota van te nemen of die afgedaan worden met "een leuk plaatje" en geen emotie oproepen. Zoiets is decoratie en heeft niets met kunst te maken. Vroeger heb ik mij wel eens afgevraagd waarom kunstcritici mijn persoon aanvallen in plaats van mijn werk. Ik ken die mensen niet, ik heb ze nooit iets gedaan en ze zelfs nooit uitgenodigd om naar mijn werk te komen kijken, laat staan gevraagd er over te schrijven. Willink zei eens: "veel kunstcritici zijn collega's die nooit bereiken wat ik bereikte. Ze schrijven hun frustraties weg door een succesvolle collega de grond in te trappen". Dat klopt geloof ik wel. In ons land mag je niet succesvol zijn', aldus Thomassen.

Medusa nummer IV toont het afgeslagen gelaat van model Ine, helemaal bedekt met schubben. Het bloed van haar hals heeft zich vermengd met de lucht. In haar ogen zien we in plaats van glimlichtjes twee pentagrammen, symbolen van de magie. Ze hebben twee punten naar boven gericht en zijn dus het teken van de zwarte kunst. Een 'schrijvende collega' merkte in een recensie op dat deze Medusa 'een vrouw was met een huidziekte'.

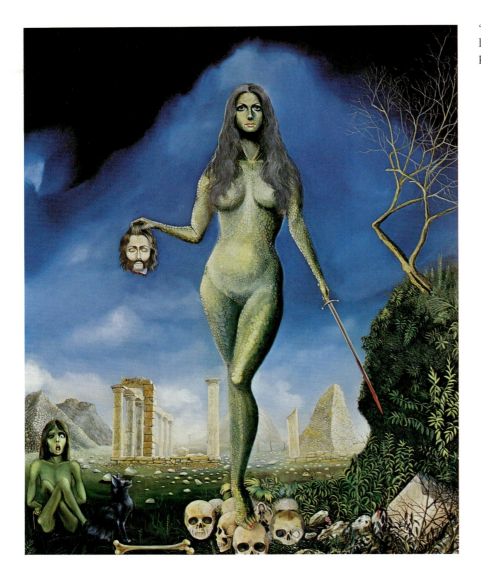

'Perseus meets Medusa', 1976
linnen/olieverf, 100 x 80 cm.
particuliere collectie.

Hoeveel Medusaschilderijen er in totaal werden vervaardigd is niet geheel duidelijk. Het schijnt dat er nog enkele moeten circuleren. De laatste die werd gemaakt is tevens de grootste. Hij dateert uit 1986 en toont ons Medusa, verleidelijk liggend in een bos. De atmosfeer is vreemd. Nergens een levend wezen. Het lijkt er op of deze Medusa net wakker is geworden uit een korte slaap. Met het hoofd van Perseus vlak in haar buurt.

'Medusa no. III', 1977
linnen, 80 x 100 cm.
Vandersloot collectie.

'Liggende Medusa, 1986
linnen, 150 x 100 cm.
gesigneerd r.o.
Vandersloot collectie.

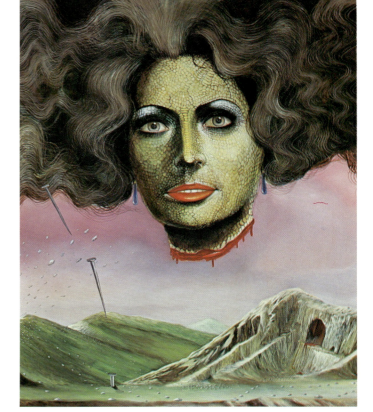

'Medusa no. IV', 1977.
linnen, 50 x 60 cm.
particuliere collectie.

Buitenland

De eerste voorzichtige stap in het buitenland werd door de schilder gemaakt met het deelnemen aan de Parijse Louis Paul Weiller-competitie voor portretkunst. Hoewel zijn inzending werd geselecteerd voor de expositie, viel het werk in kwestie niet op tussen de vaak zeer grote formaten die in 1976 werden getoond.
Een jaar later had de eigenaar van de Antwerpse Londen Art Gallery op de Nederlandse TV de documentaire gezien over de schilder met zijn model. Het leek hem leuk 'dien Hollander in den Belgique te lanceren'. De schilder herinnert zich deze man nog goed als een soort karikatuur uit een strip van Kuifje. Het liep allemaal uit op een enorm fiasco. De galeriehouder had zich te veel bezig gehouden met whisky in plaats van de tentoonselling, en had zowaar vergeten uitnodigingen te versturen en de pers te waarschuwen. Tegenslagen lijken de kunstenaar echter goed te doen. Het motiveert hem om er nóg harder tegen aan te gaan.
Vijf jaar later is hij wéér present in België, plaats van handeling: Oedelem. Daar opent de Belgische Minister van Cultuur een unieke expositie met als thema: het oude Egypte. Organisator is de stichting 'Kunstschip Dronghene' die een reizende expositie had gepland naar Beernem, Gent, Koksyde en Oostende. Er waren toneeluitvoeringen, lezingen en een grote expositie waarin men kon zien hoe het oude Egypte kunstenaars van nu inspireerde. De Egyptische schilderijen van Jean Thomassen vielen de kunstrecensenten op: 'Het is jammer dat er niet méér werken hingen van Jean Thomassen die zo pijnlijk nauwkeurig antiquiteiten in een beklemmende sfeer weet te plaatsen'.
Er werden een paar werken verkocht en meteen vervangen door andere. Het 'Egyptecircus' ging in 1983 langs Franse steden. De organisatoren waren echter erg geschrokken van de hoeveelheid werk en problemen die een dergelijk spektakel veroorzaakte, alleen al wat betreft het in- en uitvoeren van de schilderijen. Een voor 1984 in Nederland geplande toernee werd derhalve voortijdig afgezegd.
In die jaren exposeerde de schilder ook in eigen land. Er waren solo-tentoonstellingen in Kasteel Radboud en Kasteel Ammersooyen. De kunstcritici hielden er zeer afwijkende meningen op na. De één prees het werk de hemel in, de ander zocht naar de scherpste bewoordingen om het werk en de schilder af te kraken.

Het naaktmodel

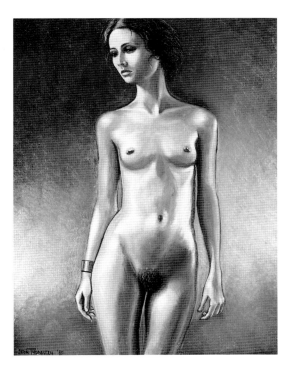

'Naakt', 1986.
paneel, 18 x 24 cm.
particuliere collectie.

Bij het grote publiek leven nogal wat misvattingen over schilders. Het zouden allemaal arme stumpers zijn die geen droog brood verdienen. Natuurlijk zijn er zulke kunstenaars zoals er ook arme bakkers en arme timmerlui bestaan. We kennen evenwel ook rijke schilders. Anthonie van Dijk en Rubens waren in hun dagen zeer vermogend. In de tijd van Vincent van Gogh waren Hans Makart, Henri de Toulouse Lautrec en William Adolphe Bouguerreau alles behalve behoeftig. Lautrec, telg van de rijke familie van de Graven van Toulouse, huurde op latere leeftijd wel eens een heel bordeel af om er naar hartelust te schetsen. Hij was alcoholist geworden en impotent, maar nooit arm of behoeftig. Bouguerreau was in de vorige eeuw de duurst betaalde levende schilder; voor zijn werk werd meer neergeteld dan voor welke 17de-eeuwse meester ook. Hij bezat veel onroerend goed en had thuis werk van Rembrandt aan de wand hangen. Een ander algemeen misverstand bestaat er over het schilderen met naaktmodellen. Men denkt vaak dat sessies met naaktmodellen altijd eindigen in een spannend erotisch avontuur. Men vergeet daarbij dat het een ongeschreven wet is dat een kunstenaar niets heeft met zijn model, althans in het atelier. Er zijn veel anecdotes bekend van modellen die naakt uit een atelier werden gesmeten, met een bundel kleren achter hen aan, alleen omdat ze niet stil genoeg poseerden of de euvele moed hadden te gaan praten.

Bij naaktmodellen denkt men meestal het eerst aan de nogal rijkelijk gevulde dames van Peter Paul Rubens. Men moet echter niet denken dat dagelijks enige naakte joffers in pitoreske standen voor de grote meester poseerden. Iedere anatomisch geschoolde persoon zal het opvallen dat de vrouwen van Rubens vaak het produkt van zijn fantasie geweest moeten zijn: op de verkeerde plaatsen zijn ze rijkelijk bedeeld; hun borsten beginnen of eindigen vaak op plaatsen waar dit niet kan. Maar natuurlijk zijn niet al Rubens' werken uit fantasie ontstaan. Van zijn geliefde Suzanne en Hélène heeft hij naar model schilderijen gemaakt. 'Hélène met pels' is waarschijnlijk het mooiste voorbeeld. Wie kritisch naar dit schilderij kijkt ontdekt zelfs de afdruk van kousen, hetgeen er op wijst dat de kunstenaar de werkelijkheid zo goed mogelijk wilde kopiëren.

En dat vereist groot vakmanschap.

In onze tijd is een komische situatie ontstaan: op veel Academies staat het vak anatomie niet meer op het lesrooster. Afgestudeerde kunstenaars hebben vaak de grootste moeite met het verantwoord produceren van een naakt. Hun onvermogen verbloemen zij met brede 'artistieke' verfstrepen die het zo leuk heten te doen.

Wie een ouderwets naakt of portret verlangt is dan ook aangewezen op realistische kunstenaars die meestal nóóit een Academie bezochten en hun kennis via zelfstudie ontwikkelden.

Het is al geen uitzondering meer dat academisch geschoolde kunstenaars les nemen bij realistisch werkende ongeschoolde collegae, in de hoop de geheimen van de oude techniek weer meester te worden. Jean Thomassen vindt dit een hoogst amusante situatie en ontleent zelfs enige trots aan het feit dat hij autodidact is. Van zijn hand kennen we vele naakten. Ze varië-

'Meisje in stoel', 1986
paneel, 30 x 40 cm.
Meuniercollectie, Parijs.

'Naakt', 1986.
paneel, 18 x 24 cm.
particuliere collectie.

ren van heel bescheiden paneeltjes van enkele centimeters tot een doek als 'I remember' van anderhalve meter.

Midden jaren tachtig ontstaat een serie schetsmatige panelen van 13 bij 18 cm. Ze hebben veel overeenkomsten. Ze dragen geen titels en tonen ons een naakte vrouw die een jurk aan of uit doet. Meestal is er geen achtergrond, en in het gunstigste geval zit het naakt op een stoel of kruk. Het bijzondere aan deze naaktjes is gelegen in het feit dat ze zonder voorbeeld of model ontstonden. Ze werden uit de losse hand geschilderd.

Daarnaast kennen we ook een groep van deze werken waar titels aan werden gegeven zoals: 'Thinking of our love', 'Waiting for you' en het fraaie 'When Otis Redding sung'. Bij dit laatste paneel krijgt men de indruk een hoekje te zien van Thomassens atelier. Een jonge vrouw heeft zich op een kruk gehesen en lijkt voor de kunstenaar, die we net niet kunnen zien, te poseren. Haar gezicht is bijzonder gedetailleerd gepenseeld. Een en ander zou de indruk kunnen wekken dat hier gebruik werd gemaakt van een echt model, maar de schilder kennende valt dit te betwijfelen.

'When Otis Redding sung', 1988
paneel/olieverf, 18 x 24 cm.
particuliere collectie.

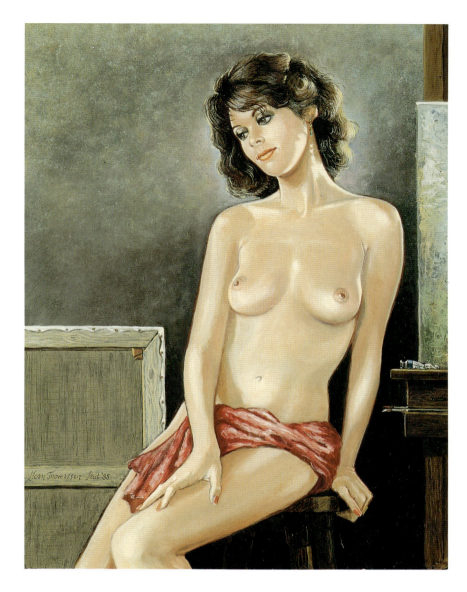

'Waiting for you', 1987
linnen, 18 x 24 cm.
particuliere collectie

Het mysterieuze atelier

Werkplaatsen van schilders hebben al eeuwen lang tot de verbeelding gesproken. We weten er dus heel veel van. Op 17de-eeuwse panelen van b.v. Adriaen van Ostade zien we een kunstenaar aan het werk in een groezelig atelier waar het stro uit het dak komt en natte lappen boven de ezel het dwarrelende stof moeten tegenhouden.
Het is ook vanwege het stof dat schilderijen vaak onder een schuine hoek op de ezel werden gezet. Van Gerrit Dou, de meest begaafde leerling van Rembrandt, weten we dat hij alvorens te gaan schilderen aan zijn meesterlijke panelen, een half uur roerloos voor zijn werk zat om het stof te laten zakken. Het beroemdste schilderij met een atelier is ongetwijfeld dat van Johannes Vermeer. Dit werk heeft grote indruk op Jean Thomassen gemaakt toen hij als kind op school moest binnenblijven en gedwongen werd te tekenen. Er hing een grote afbeelding van dit schilderij aan de wand en hij heeft er vele malen naar gekeken, fantaserend over het uiterlijk van de schilder die je van achteren zag. Wellicht ligt hier de oorsprong voor de vele atelierscènes die Thomassen later vervaardigen zou. Eén aspect is heel belangrijk; op bijna al deze ateliertaferelen kijken we naar een gefantaseerde ruimte die niets met de werkelijkheid uitstaande heeft! Het is heel aannemelijk dat de idyllische schilderijen uit vorige eeuwen ook een gefantaseerde omgeving lieten zien. Onderzoek heeft aangetoond dat Albrecht Dürer's werkplaats maar een oppervlakte van enkele meters had en niet, zoals bij Hans Makart, was volgepropt met prullaria, gordijnen en vele meubelstukken.
Uiteraard was mijn nieuwgierigheid gewekt om eens bij Thomassen rond te kijken en de sfeer te proeven van de ruimte waar al zijn werken ontstonden. Bij hoge uitzondering werd ik er toegelaten. 'Ik ontvang hier nooit mensen. Jij bent de eerste buiten Ine die hier komt', zei hij.

De kunstenaar houdt er niet van om gefotografeerd te worden tijdens het werk. Verzoeken hiertoe heeft hij altijd van de hand gewezen. Wat persmensen niet lukte realiseerde zijn model, die op een dag deze volstrekt unieke opname maakte in zijn Haagse atelier terwijl hij werkt aan 'I remember' uit 1987 (foto: Ine Veen).

'Meisje in atelier', 1988
linnen, 60 x 50 cm.
gesigneerd r.o.
particuliere collectie, Malaga.

Er is weinig romantiek te bespeuren: een hoge laat-19de-eeuwse kamer met stucplafond waarin veel fruit is verwerkt. De vloer is bezaaid met stapels boeken en paperassen, nergens een schilderij of een lijst. Het alles maakt een verlaten indruk alsof de tijd hier twintig jaar heeft stilgestaan. Ik mag er geen foto's maken, want dat is tot op heden nooit gebeurd, en dat wil hij zó houden. De omgeving is even onwerkelijk als de schilderijen die er vandaan kwamen.

'Dreams to remember' heet zijn mooiste ateliersçène van nauwelijks 10 bij 8 cm. Midden in een atelier zit een beeldschoon meisje met opgetrokken benen in een geel satijnen jurkje op een stoel. Ze is perfect geschilderd. Je kunt haar oogharen tellen en de steentjes in haar ring. Ze kijkt naar iets wat we niet kunnen zien. Misschien een hond of een kat? De ruimte waarin ze zit is volgestouwd met prullaria, lijsten en Egyptische oudheden; er hangt zelfs een aanplakbiljet van de zanger Otis Redding, die op 27-jarige leeftijd verongelukte en onsterflijk werd met 'Dreams to remember', wat de titel werd van dit meesterlijke stukje schilderkunst. Ik moet bij het zien ervan denken aan een artikel van kunstrecensent Cees Strauss. Die schreef in 1977 in het *Haarlems Dagblad* na het zien van een

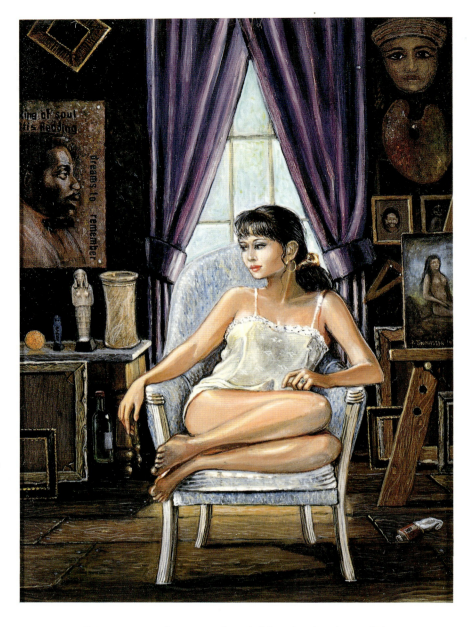

'Dreams to remember'
paneel, 10 x 12 cm.
particuliere collectie.

tentoonstelling met werken van de schilder dat het 'eigenlijk gênant' is om naar deze persoonlijke en intieme paneeltjes te kijken. 'De toeschouwer is hier overbodig'.

De billen van Venus

Midden jaren zeventig begint de schilder aan een reeks op zichzelf staande miniaturen en sepiatekeningen met daarop afbeeldingen van o.a. Mata Hari, Donatien Markies de Sade, Madame de Montespan, de Graaf van St. Germain en andere obscure figuren. Hij schreef er hun geschiedenissen bij en bekende weekbladen als *Weekend* en *De Post* hebben ze gepubliceerd. Er is maar één schilderij in deze reeks en dat is het sfeervolle 'Rendez-vous in Murano'.

Om te begrijpen waar dit werk over gaat, zou men de boeken van Jacopo Casanova moeten opslaan die de schilder vele malen verslond; daarin vinden we het verhaal van het wonderlijke souper dat Casanova had met een geliefde op het kleine eilandje Murano, het Mekka van de glaskunstenaars. Het begon met eten en drinken en eindigde, zoals het bij hem behoorde, in bed. Casanova wist echter niet dat ze werden begluurd door een vriend van zijn aanbeden geliefde. Toen hij erachter kwam leek het hem erg spannend om stiekem bij een andere gelegenheid op zijn beurt

'Rendez-vous in Murano', 1984
linnen, 65 x 55 cm.
gesigneerd l.o.
particuliere collectie

deze vriend te bespieden, terwijl deze de liefde bedreef met deze vriendin. Echter... dit keer verloor Casanova de competitie. Ze koos voor de ander. Dat het hier om een treurige scène gaat onderstreept de maker met de afbeelding van een bekend schilderij dat we op de achtergrond zien hangen; Rubens' afbeelding van Judith, de joodse heldin die het kampement van Holofernes betrad om met hem te slapen. Toen het zover was, hakte ze zijn hoofd af! Het onvermijdelijke einde van een leven staat hier centraal.

De typische Thomassen-benadering is ook op dit werk duidelijk aanwezig! En dan hebben we het niet over de idiote constructie van de stoel waarop Casanova zit. Heeft die nu twee of drie poten? Néé, het gaat om dat marmeren beeld van de vrouw die haar billen toont. We kennen deze voorstelling uit de oudheid als de Venus Kalypichos. Een standbeeld waar Donatien de Sade bijzonder opgewonden van raakte en billen die ook Casanova's bewondering afdwongen. Maar op het originele beeld zijn ze heel wat minder voluptueus.

Het werk ontstond naar aanleiding van een bezoek van de kunstenaar aan het Anton Ulrichmuseum in Hannover waar Judith de schilder fascineerde.

'Renaissance', 1977
paneel, 10 x 15 cm.
verblijfplaats onbekend.

Portrétschilder

Het schilderen van portretten is van oudsher een vaste bron van inkomsten geweest voor kunstenaars, maar ook een bron van ergernis als de artistieke vrijheid wat al te ruim werd genomen. 'Mona Lisa' is het kostbaarste schilderij van het Parijse Louvre. Het wordt dagelijks door duizenden mensen ademloos bewonderd. Slechts een enkeling weet dat dit meesterwerk door de opdrachtgever smalend werd geweigerd omdat het niet zou lijken! Tot aan zijn dood had Leonardo da Vinci het paneel onder zijn hoede. Hij zou er nog lang aan hebben veranderd.
Ook Renoirs opdrachtgevers waren niet erg enthousiast wat betreft de gelijkenis van hun portretten. Het schijnt dat van deze kunstenaar de opmerking stamt: 'Ach, wie let daar over honderd jaar nog op?'
Realistische schilders hebben vaak de neiging gehad om de werkelijkheid zo nauwkeurig mogelijk te kopiëren en vervielen daardoor in stijve, houterige plaatjes als het talent ontbrak om een treffende gelijkenis te schilderen. In de negentiende eeuw kwam het impressionisme op, dat brak met alle traditis, ook die inzake de noodzakelijke gelijkenis van een portret. Er werd snel en vlot gewerkt en uit die periode stamt de opmerking: 'Wilt u dat ik uw portret schilder? Dat zou ik maar niet doen, daar komt ruzie van...'
In onze tijd komt er steeds meer ruimte voor allerlei opvattingen en blijkt het realisme langzaam terug te komen, omdat het publiek uitgekeken is op werken met een paar klodders en strepen die sommige kenners ons willen doen aansmeren als verheven creatieve scheppingen.
Er blijkt een groeiende interesse te zijn gekomen voor het betere portret, waarbij men niet hoeft te zoeken naar een gelijkenis. Jean Thomassen beschikt over een fabelachtig visueel geheugen. Plaatjes, foto's en gezichten weet hij verbluffend gedetailleerd te onthouden. Een ontmoeting met de schilder na enige maanden tussenpose kan beginnen met opmerkingen als: 'Hé, andere kleur haar? Scheiding aan de andere kant? En een nieuwe bril?'
In de jaren 80 ontpopte hij zich als een kundig portretschilder die soms wonderlijke poses koos. Nancy in haar zuurstokrose zijde kleding zit op een manier waarop je een jong meisje niet zo vaak afgebeeld ziet. Het landschap is pure fantasie en voor de vuist weg geschilderd. Dit werk dateert uit 1986, het zelfde jaar waarin ook Yvette en Paulette werden vereeuwigd.
Er is een grote verwantschap tussen de portretten uit de jaren 80. Ze zijn meestal voorzien van gefantaseerde achtergronden waarop we landschappen, gestoffeerd met antieke Romeinse of Griekse ruïnes, kunnen waarnemen. Natuurlijk rijst de vraag of de opdrachgevers tevreden waren met het eindproduct? Als toeschouwer kun je immers niet beoordelen of het lijkt of niet.
Op zichzelf staande Thomassen-portretten zijn uitzonderlijk. Meestal schilderde hij hele families. Ook de ouders van Paulette en Yvette werden gepenseeld. Vader Hans wilde graag met hond Joris worden afgebeeld bij het strand waar hij altijd met hem liep te wandelen.
Het gemiddelde portret is meestal zo'n vierkante meter groot, maar de

'Nancy', 1986
linnen, 80 x 70 cm.
gesigneerd l.o.
particuliere collectie.

'Actrice Ine Veen', 1984.
linnen, 100 x 80 cm.
particuliere collectie.

'Paulette Out', 1986
linnen, 90 x 80 cm.
gesigneerd l.o.
particuliere collectie.

'Yvette Out', 1986
linnen, 90 x 80 cm.
gesigneerd r.o.
particuliere collectie.

kleinere formaatjes doen niet onder voor hun grotere broers. Ook hier is Thomassen duidelijk een bekwaam kunstenaar die de materie beheerst, zoals we kunnen waarnemen in het kleine portretje van Ine in groene jurk. Het herinnert vaag aan de ouderwetse 19de-eeuwse portretten. Drs. Margriet van Boven, directeur vasn het Brabants Museum en drs. Emke Raasen Kruimel selecteerden een groter doek met Ine voor de grote tentoonstelling die in 1986 in het Larense Singermuseum werd gehouden en waarvoor drs. Hans Redeker het indrukwekkende boek over hedendaagse portretkunst schreef. Het ziet er ogenschijnlijk uit als een saaie diagonale compositie. Een wat formeel statieportret van de actrice die, gezeten in een Lodewijkstoel, gekleed is in een creatie van couturier Edgar Vos. De schilder heeft haar als een fotograaf neergezet. De toeschouwer lijkt de lens van de camera geworden die opschrikt doordat kat Mixie rechtsvooraan het beeld inloopt. Op de grond is een verdwaalde, afgebrande lucifer te zien en aan de wand een ongewoon schilderij dat herinnert aan 'Weeping for Troy', een werk dat 10 jaar eerder ontstond.

'N.J.J. Out', 1987
linnen, 90 x 80 cm.
particuliere collectie.

'Ine Veen'
marouflé, 18 x 24 cm.
particuliere collectie

De vader van de schilder

Tweeëntwintig jaar na diens dood besloot de schilder een portret te maken van zijn vader, zoals hij hem als kind herinnerde.

Bernardus Theodorus Thomassen werd op 22 januari 1913 te Zevenaar geboren en overleed vrij plotseling maar niet onverwacht, op 11 augustus 1967 in zijn woonplaats Den Haag, waar hij met militaire eer werd begraven. In het dagelijks leven was deze 'bon vivant' beroepsmilitair. Hij mocht zich verheugen in een ruime belangstelling van de andere sexe. 'Visse, Scrisse, Amo' (geleefd, geschreven, liefgehad) lezen we op een bordje op de marmeren kolom met een mitrasachtige kop van steen. Het had het levensmotto kunnen zijn van de bruisende persoonlijkheid die Thomassen's vader was. Op de achtergrond rechts zien we Kasteel Bergh, vlak in de buurt waarbij hij zijn jeugd doorbracht.

De familie Thomassen komt oorspronkelijk uit het Gelderse Beek. Ze hebben er eeuwen gewoond. Er bestaat een fraai miniatuur uit 1976 waarop we

'B.Th. Thomassen', 1989
linnen, 80 x 100 cm.
collectie kunstenaar.

de overgrootvader van de schilder zien met diens beide zonen. De zoon rechts is de Opa van de schilder, die de woede van zijn ouders op de hals haalde door met de dienstbode te willen trouwen. Dat zou leiden tot een familiebreuk; het jonge paar ging voorgoed in Brabant wonen. De pose van de op het miniatuur afgebeelde personen is ontleend aan de enige foto die bewaard bleef van de familie, anno 1912. Auteur John Thoben zal die foto opnemen in het binnenkort te verschijnen boek over *Het Kerspel Beek in de Liemers*, waar tevens de stamboomgegevens van het geslacht Thomassen tot circa 1600 in terug te vinden zullen zijn.

De vroege dood van zijn vader meent de schilder te moeten terugvoeren naar diens oorlogstrauma's, opgelopen tijdens de gevechten in de meidagen van 1940. Thomassen senior werd het slachtoffer van de verraderlijke overval op de spoorbrug van Gennep. Door kogels en granaatscherven verwond verdween hij in Duitse krijgsgevangenschap. Dr. Lou de Jong beschreef in zijn boeken over de Tweede Wereldoorlog uitgebreid de overval op de spoorbrug die zulke tragische gevolgen zou hebben. Een pantsertrein met Duitse soldaten kon naar de Grebbeberg opstomen en daar een slachting aanrichten. Hoewel de waarheid over de overval bekend is, is deze nooit gepubliceerd. Voor zijn moedig optreden werd B. Thomassen weliswaar onderscheiden, maar de oorlog heeft hem nooit meer geheel losgelaten.

Mystiek speelde van oudsher een grote rol in de familie Thomassen. In de zomer van 1967 besloot vader Thomassen tot ieders verbazing om voor de laatste keer zijn nog levende tantes en verdere familie te bezoeken om afscheid (!) te nemen. In zijn omgeving werd wat raar aangekeken tegen dit voornemen en men meende dat de oorlogstrauma's weer boven waren gekomen, maar niets was minder waar. Vlak na zijn afscheidsreis overleed vader Thomassen aan een hartstilstand en een daarop volgende hersenbloeding. Hij heeft niets meer gezegd.

Het contact tussen vader en zoon kunnen we als ronduit moeilijk kenschetsen en dat heeft zeker niet aan de vader gelegen. In 1977 kocht de schilder een familiegraf op de Haagse begraafplaats Oud Eikenduinen. In dat zelfde jaar liet hij zijn vader opgraven van elders en als eerste in het nieuwe graf bijzetten. Zelf hoopt hij hier nooit te zullen rusten, want hij wil liever dat zijn as ergens anoniem verstrooid wordt.

'Relatives', 1976
paneel, 5 x 7 cm.
verblijfplaats onbekend.

Als er ooit een portret van mij gemaakt wordt…

Regisseur Karl Guttmann verwierf een wereldreputatie door als allereerste Anne Frank's dagboek, vlak na de Tweede Wereldoorlog, op de planken te brengen. Sindsdien was hij decennia lang actief als regisseur en producent. Toen hij vijftig jaar in het vak zat vroeg een feestcommissie hem wat hij voor een cadeau wenste, een portret misschien?
'Als er ooit een portret van mij gemaakt wordt, moet dat door Jean Thomassen worden geschilderd' zei Guttmann spontaan. Maar de dames en heren van de commissie hadden een andere kunstenaar op het oog en gunden deze de portretopdracht. Karl moest zelfs poseren en was uiteindelijk zichtbaar ontevreden over het matige resultaat van de artiest.
Na de première van zijn zoveelste toneelstuk werd de jubilaris in de Amstelveense schouwburg gehuldigd en kreeg hij het portret aangeboden; ter plekke gaf hij het cadeau aan de Koninklijke Schouwburg in Den Haag, die 'er vast wel een leuk plaatsje voor wist'.
Enkele dagen later werd Thomassen alsnog benaderd met het verzoek Karl's wens te honoreren. Probleem was echter dat Guttmann zo druk

'Dramaturge Luisa Treves', 1987
linnen/olieverf, 100 x 110 cm.
particuliere collectie.

'Karl Guttmann' (1913-1995), 1987
linnen/olieverf, 110 x 100 cm.
Nieuwe de la Mar-theater, Amsterdam.

bezig was dat hij onmogelijk tijd kon vrijmaken om te poseren; of het van enkele foto's kon?

We zien de regisseur in een modieus jasje, met zijn onafscheidelijke bril; naast hem een marmeren kolom met daarin gebeiteld de namen van zijn beroemdste produkties, waaronder 'de Koopman van Venetië', één van de allerlaatste grote theaterprodukties van het klassieke genre in Nederland.

In besloten kring werd het portret in de hal van het Amsterdamse Nieuwe de la Mar theater onthuld, precies volgens de wens van de opdrachtgever. Guttmann was verrast over dit schitterende portret en ook teleurgesteld dat hij het niet thuis kon ophangen.

Zijn bewondering voor het werk van de schilder was zo groot dat hij hem opdracht gaf ook een portret te vervaardigen van zijn vrouw, de bekende dramaturge Luisa Treves. Helaas had deze evenmin tijd om te poseren. Ze was druk doende met de samenstelling van haar boek met verzamelde werken, maar 'er stond zo'n leuke foto van haar in *De Telegraaf*, wellicht kon van die krantenfoto iets gemaakt worden? Zo ontstond haar portret. In haar hand houdt Luisa een fraai gekalligrafeerd vel papier met daarop de titels van haar bekendste toneelstukken.

De familie Guttmann is altijd het werk van de schilder blijven bewonderen.

Magisch realisme?

'Patricia'
linnen, 110 x 100 cm.
gesigneerd r.o.
particuliere collectie, Thonon les Bains.

'Alexandra'
linnen, 110 x 100 cm.
gesigneerd.
particuliere collectie, Thonon les Bains.

Drs. Hans Redeker meldt ons in zijn standaardwerk over de hedendaagse portretkunst in Nederland, dat 'als men Jean Thomassen met alle geweld wil rubriceren, dan moet men hem plaatsen in de wereld van het surrealisme, magisch realisme of pittura metafisica, maar dan wél als één van de jongeren van nu met een heel eigen en eigentijds levensgevoel, afgedwongen van een grote traditie door een zeldzame worsteling met materiaal, techniek en de grote wetten van de schilderkunst'. Het magisch realisme treffen we vaak aan in de portretten van Thomassen, zoals dat van de zusjes Patricia en Alexandra. Het verhaal gaat dat ze werden geschilderd ter gelegenheid van een 25-jarig huwelijksfeest. Er is een duidelijke verwantschap met het werk van Carel Willink, maar de techniek van Jean Thomassen is veel fijner en gedetailleerder. Vooral van dichtbij verraadt zich de penseel van een miniaturist. Veel kunstenaars moeten het hebben van het effect dat een schilderij op afstand veroorzaakt, maar hier lijkt het of het schilderij het mooiste is als men het van dichtbij bekijkt. De juwelen zijn zó nauwkeurig weergegeven dat men het karaatgehalte van de briljanten kan berekenen.

De dreigende donkere luchten zijn typisch magisch realistisch, maar in zijn portretten is Thomassen altijd ook zichzelf. Kenners weten dat je óók daarin altijd iets geks kunt aantreffen! Een venster bij voorbeeld waar de scharnieren dusdanig zitten dat het raam in werkelijkheid nooit open zal kunnen gaan. Of een stoel waar op geraffineerde wijze een poot te weinig is gemaakt. En wie goed naar Patricia en Alexandra kijkt ontdekt ook daar iets wonderlijks. Links achter Patricia zien we een fragment van een schilderij van Kees Maks, bekend van zijn circustaferelen. Het zelfde schilderij zien we bij haar zusje óók hangen. In tegenstelling tot veel portretten is hier sprake van een bestaande achtergrond. We zien het meer van Genève, waar de opdrachtgever een huis liet bouwen. In eerste instantie wilde hij de twee klungelige bomen rooien, maar toen ze op de portretten afgebeeld waren, was dat een reden ze voortaan te koesteren.

Discretie verplicht

Veel kunstenaars maken ongevraagd afbeeldingen van Hare Majesteit de Koningin en suggereren in de pers dat ze een opdracht van onze vorstin kregen voor hun 'conterfeitsels', maar niets is minder waar. Jean Thomassen heeft zich nooit tot zulke publiciteit verlaagd en dat terwijl heel wat journalisten het water in de handen zouden krijgen bij het zien van het mapje met prominenten die zich door hem lieten vereeuwigen. Ik mag er niet naar refereren of zelfs maar een toespeling op maken.

'Veel van mijn klanten houden van discretie. Daar heb ik begrip voor en van te voren maken wij daar afspraken over. Als ik een portret schilder en de opdrachtgever wenst het werk niet in publikaties of boeken tegen te komen, dan krijgt hij of zij daar een zwart-op-witte afspraak over. Discretie is in bepaalde kringen verplicht en wat dat betreft voel ik mij net een dokter. Het zou toch idioot zijn als een chirurg in de pers ging onthullen bij wie hij een blindedarm heeft weggehaald?'

Gelukkig zijn er ook mensen die het best leuk vinden om met hun portret in een boek te staan, zoals de onbekende mevrouw die wat brutaal haar voet met hoge hak op een klein bijzettafeltje plaatst, vlak naast een kostbare Wan-Li kom. Opvallend is dat het afgebeelde raam geen glas heeft; het lijkt aannemelijk dat wij de dame in het verre oosten moeten situeren. Dat wordt nog eens geaccentueerd door de bestaande schildering van de beroemde Japanse meester Hiroshige. De vrouw zit op een stoel van Mies von der Rohe; klaarblijkelijk handelt het hier om een gefortuneerde kunstliefhebster.

'Portret van een dame', 1989
linnern/olieverf, 100 x 110 cm.
particuliere collectie.

'Ilona'
linnen/olieverf, 100 x 110 cm.
particuliere collectie.

Van recentere datum is het fraaie portret van Ilona, de vrouw van een verzamelaar. Haar man kwam op het idee haar stiekem te laten portretteren. Tijdens een feestje werd Ilona onopvallend met een videocamera vereeuwigd, maar ze zat geen moment stil voor de lens. Met behulp van een paar 'toevallige' foto's kon het doek worden vervaardigd. De sieraden van de vrouw zijn uiterst nauwkeurig geschilderd. Op haar schoot zit een zwartwitte straatkat. Hij kijkt ons verstoord aan, zijn tongetje nog half uit zijn bek. Achter haar op een tafeltje een doos met kleine poesjes die de toeschouwer geïnteresseerd bekijken.

Het portret heeft niets te maken met magisch realisme en lijkt geënt op de 19de-eeuwse traditie. Vooral de rechterhand is fraai gepenseeld. Met werken zoals deze dwingt de maker bewondering af.

Een Haagse verzamelaar wilde zijn moeder verrassen met een portret van de overleden vader. Voorbeeld was een oude zwart-wit pasfoto. Het werk viel zo in de smaak dat de moeder het aan de muur bij het einde van de tafel ophing. Zo kon ze iedere avond tijdens het eten naar haar man kijken en soms sprak ze zelfs met hem.

I remember

Bijna alle naakten die in onze tijd vervaardigd worden hebben een duidelijk erotische uitstraling. Van het oude schoonheidsideaal van de klassieken – Zij kozen enkele modellen om vervolgens een ideale voorstelling van vrouwelijke schoonheid te componeren met behulp van de borsten van nummer één, de billen van nummer twee, de armen en benen van nummer drie, enz. – is weinig overgebleven. Het lijkt wel of in onze tijd de lelijkheid centraal staat.
Thomassen begon in 1977 met het hier afgebeelde werk. Hij wilde een naakt schilderen volgens de opvattingen uit de Oudheid en hij slaagde daar goed in, want dit fraaie doek zou je in een kerk kunnen ophangen

'I remember'
linnen, 140 x 110 cm
gesigneerd r.o.
particuliere collectie

'Senatoren', 1983
linnen, 40 x 24 cm.
particuliere collectie.

'Sittin' on the balcony', 1978?
linnen, 18 x 24 cm.
particuliere collectie.

zonder dat men er aanstoot aan zou nemen. Het bevat al veel elementen van de symboliek die de schilder in latere jaren tot in het absurde zou etaleren. Immers, niets is wat het schijnt op dit doek. De ruïneresten zijn duidelijk kunstmatig aangelegd en niet als zodanig bedoelt. De twee grafvazen of lekythoi, rechts van de voeten van het model, zijn keurig gaaf en tonen ons een scène met Hekate, de Godin van de hekserij. Een zeer nauwkeurig geschilderde gouden munt of aureus verwijst naar het oude gebruik om geld mee te geven aan overledenen om Charon, de veerman, voor de overtocht naar de onderwereld te kunnen betalen. Nog heden ten dage zien we dit gebruik terug in andere culturen. De zigeuners gooien munten in de doodskist van een overledene en Chinezen in Hong Kong verbranden massa's speciaal voor de doden gemaakt papier geld, in de hoop dat de gestorvene zich in de andere wereld dan alles kan aanschaffen. De rode scherven van 'terra sigilata' aardewerk herinneren aan een ander oud gebruik; het breken van een kruik, waarmee men zich in de echt verbond. Het model heeft een systrum in haar hand, een 'rammelaar' die werd gebruikt in de oud-Egyptische eredienst, b.v. in de tempel van Dendera. Ze vraagt aandacht voor iets, ja waarvoor? Dat mag de toeschouwer invullen.

In dezelfde periode ontstonden ook werken als 'Sittin' on the Balcony' en nog later 'Senatoren'. Werken waar het uitsluitend lijkt te gaan om de uitbeelding van een scène uit de oudheid zoals we dat meesterlijk kennen van Alma Tadema en Leighton. De 16 gezichten van de Senatoren zijn bijna karikaturen geworden. De volgevreten koppen knikkebollen of lijken ongeïnteresseerd respectievelijk verlekkerd te kijken naar een danseres van wie we nog net een stukje arm kunnen zien. Op de bovenste rij rechts herkennen we de schilder zelf.

Zijn model Ine Veen, gekleed als klassieke schoonheid uit het oude Rome of Griekenland is in de jaren 1977/1985 een geliefd thema. We zien haar veelvuldig gekleed in een doorkijk gewaad als Nycea rustend op een ligbank, maar ook als Venus en Koningin Dido.

Uit dezelfde periode als het hier afgebeelde 'I remember' dateert 'Cherised Memories'. Hierop zien we zijn model bij een vijver staan die we kennen van de 'Villa van Keizer Hadrianus'. In haar hand een Griekse drinkschaal of kylix en ook hier weer volop verborgen dubbelzinnigheden die we ook kennen van 17de-eeuwse schilderijen waarop het tonen van bijvoorbeeld een aardewerk kan met de opening naar de beschouwer gericht een toespeling was op een sexueel contact, net als het tonen van een haring, een motief dat we bij Jan Steen vaak aantreffen of het bekende vogelkooitje dat open stond, als verwijzing naar de verloren maagdelijkheid. 'I remember' meet 150 bij 110 cm. Het schitterende effect van de doorkijkjurk werd bereikt door het model eerst naakt te schilderen en later te voorzien van een gewaad. Het schilderen in lagen weet Thomassen soms tot in het oneindige door te voeren. Er zijn doeken die wel uit 50 lagen bestaan, heel dun aangebracht voor het juiste effect.

61

De Egyptische oudheid

In het begin van de jaren zeventig had vrouwe Fortuna geen belangstelling voor de jonge schilder en ook Ine Veen had zijn pad nog niet gekruist. Hij moest zijn hoofd boven water houden met een arsenaal aan bijbaantjes. We kennen hem als parttime medewerker van de educatieve dienst van het Haags Gemeentemuseum waar hij op bevlogen wijze kinderen van voortgezet en hoger onderwijs wist te interesseren in de collecties Chinees porselein, 17de-eeuwse schilderkunst, oude muziekinstrumenten en oude kunstnijverheid. Ook gaf hij onderricht in het atelier waar kinderen van bezoekers op zaterdagmiddagen konden tekenen en schilderen en hij was ook de man die in museum Bredius boeiend wist te vertellen over de markante kunstverzamelaar en historicus dr. Abraham Bredius. Maar het belangrijkste was voor hem wellicht dat hij op deze plekken zijn honger kon stillen naar informatie en zijn dorst kon lessen naar mooie voorwerpen.

In deze jaren komt de belangstelling voor het oude Egypte weer boven drijven. Het manifesteert zich in zijn schilderijen. Opmerkelijk is het feit dat hij zo accuraat mogelijk objecten weergeeft die we uit voorname collecties kennen. Ook de gebouwen zijn bestaand. Op het fraaie werk met Prinses Baketaton herkennen we op de achtergrond de kiosk van Koning Sesostris de eerste. De schilder heeft met opzet de hiërogliefen veranderd in de grootst mogelijke onzin.

Op een Egyptisch stilleven van veel latere datum lijkt het er op of de maker wat oudheden uit het Louvre en het British Museum sorteerde voor een leuke artistieke opstelling in zijn atelier. Zijn neiging om de grootst mogelijke onzin onopvallend te verwerken op een schijnbaar normaal ogend doek, was ook toen al aanwijsbaar.

'Baketaton', 1984
linnen, 50 x 60 cm.
particuliere collectie.

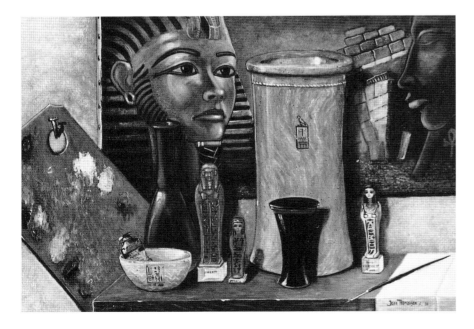

'Egyptisch stilleven', 1986
linnen/olieverf, 30 x 40 cm.
Vandersloot collectie.

Een 'scherf' op het doek

Geachte lezer, in deze bijdrage over Jean Thomassen, wiens werk tegenwoordig wijd en zijd, in Europa, de Verenigde Staten en waar al niet, wordt verzameld, neem ik mij voor slechts één van de vele facetten van 's mans veelzijdige belangstelling – terug te vinden in zijn werk – te belichten. Over Jean's kwaliteiten als schilder, de technieken die hij gebruikt, de onderwerpen die hij kiest, of de exposities waardoor zijn doeken bekendheid hebben gekregen, noch over zijn 'Werdegang' als kunstenaar, zal ik mij uitlaten. Die zaken komen op andere pagina's in dit boek aan bod en treden onverhuld voor het voetlicht bij nadere beschouwing van de illustraties die er in zijn opgenomen. Voor inhoudelijke bespiegelingen acht ik mij onvoldoende competent, al moet ik hier onmiddellijk aan toevoegen dat ik met zeer veel moeite de verleiding heb weerstaan om uitsluitend woorden te wijden aan één van de belangrijkste thema's van deze schilder, zo niet het meest prominente onderwerp van zijn werk; zijn beeldschone en ook nog lieve en charmante levensgezellin: Ine.
Neen, het is niet Jean's eerste passie, het maken van schilderijen, een bezigheid die zijn beroep is, en waarvan Ine zo evident deel uitmaakt, waarvoor ik hier aandacht vraag, maar voor één van Jean's (vele) andere passies: zijn meer dan gewone belangstelling voor de Egyptische oudheid.

De kunstschilder Jean Thomassen ken ik nu ruim 18 jaar. Onze eerste ontmoeting – geen gewone kennismaking, maar eerder een nieuwsgierig uitvorsen van elkaar – vond plaats in het kinderatelier van het Haags Gemeentemuseum. Bezoekers van dat museum konden op zaterdagmiddagen hun kinderen – een enkeling kunstzinnig aangelegd, de meesten echter duidelijk niet – bij een deskundig tekendocent-atelierbeheerder achterlaten (een service van het museum die, denkelijk, eerder ten gerieve van de ouders was geïntroduceerd dan voor hun kroost). De man die over dit, met bonte kindertekeningen behangen verblijf de scepter zwaaide, was een zekere Thomassen, een jeudig heer, toen al besnord en voorzien van een haardos van meer dan gemiddelde lengte.
'Als ze het zo graag willen dan kunnen die twee er ook nog wel bij', hoorde je hem denken, toen mijn vrouw en ik bedremmeld met ons dochterpaar voor zijn zwijgende persoon aantraden. Opeens: 'U bent toch die schrijver van dat dikke boek over oesjebti's?' Hij boog zich op dat moment, zonder ons aan te kijken, juist over een serie kinderruggetjes, in een poging die amper tienjarigen enige basistechnieken van de schilderkunst bij te brengen. 'Hoe weet u dat, dat boek is pas verschenen, nog amper bekend?' reageerde ik. Verbouwereerd als ik was, vroeg ik mij in het geheel niet af hoe die meneer wist dat ik het was die zo pas dat proefschrift had voltooid in de hoop de wetenschap der Egyptologie een stapje vooruit te brengen. Rare vent, die schilderende kinderoppas, dacht ik, maar ook: ik wil nu vooral niet worden herinnerd aan het zojuist afgesloten, eenzame avontuur dat zeven jaar het leven van ons gezin had gedomineerd: coûte que coûte alle gegevens aan het papier toevertrouwen die ik, fanatiek, had bijeen gegaard over slechts één voorwerpcategorie binnen de Egyptische archeologie, oesjebti's. Dat zijn kleine, mummievormige beeldjes die, beschreven met de naam van hun eigenaar en een toverspreuk, de plaats van hun bazen en bazinnen moesten innnemen, wanneer die in het hiernamaals door de corvee-opzichters van de onderwereldkoning werden opgeroepen voor verplichte zware arbeid.
'Uw boek is een soort Bijbel voor me, heb ik van A tot Z gelezen'. Hij is dan de eerste die dat is gelukt, dacht ik, want zelfs van mijn promotor heb ik nooit durven verlangen dat hij zulk leeswerk, een zware Sisyfusarbeid, in één ruk zou doornemen. Het was het mooiste compliment dat ik ooit van iemand over mijn 'tour de force' had gekregen. En het aardige van Jean Thomassen is dat hij, die zelf in al die jaren daarna een formidabele kennis over oesjebti's heeft verworven en met recht en reden een amateur in de oorspronkelijke betekenis van het woord en een connaisseur genoemd kan worden, mij dat compliment bij herhaling, tot op vandaag is blijven geven.
'Ik heb thuis ook zo'n scherf' klonk het tenslotte onder de snor vandaan, waarmee hij bedoelde dat hij zich de eigenaar kon noemen van een fragment van zo'n typisch Egyptisch kunstwerkje, een stuk van een mummiefiguur van faience, dat opvallend mooi glanzend blauw of groen glazuurde, porceleinachtige materiaal, dat zelfs door moderne technologen en chemici nimmer exact is nagemaakt. 'Mét een inscriptie die ik in mijn Bijbel, die van u dus, heb kunnen terugvinden'.
Een paar maanden later vielen de eerste brieven vol vragen en interessante, mij totaal nog onbekende gegevens bij mij in de brievenbus, het begin van een correspondentie, die tot op de huidige dag is blijven voortduren. 'Hoe zit dit, hoe leest u dat, van wie is deze figuur?' (gezien in een Londense winkel, handkopie van tekst bijgevoegd). Over zijn beroep nooit een woord!
Tot op een dag een boekwerkje met kleurige reprodukties van schilderijen arriveerde, onder meer met portretten van Ine. Die man is een echte schilder, drong het eindelijk tot me door. Tot dusver 'we only talked ushebti'!
Toen volgde, na jaren van correspondentie en een enkele gedachtenwisseling (waarvoor ik steevast werd beloond met een voorname fles wijn), een uitnodiging voor een expositie-opening. Met mijn dochter, die zelf niet onverdienstelijk schildert – 18 jaar geleden was zij een paar middagen bij Jean in de leer geweest in dat Haagse kinderatelier! – ik naar Amsterdam. 'Dat meisje

herken ik, precies je vrouw' zei de schilder, terwijl mijn dochter en ik ons langs zijn schilderijen bewogen.

Moeder noch dochter ooit meer gezien sinds die bewuste kinderpartij, maar er zit wat in, dacht ik: zeker weer dat typische schildersoog dat alles registreert en dat Thomassen-geheugen dat hem ook tot zo'n goed oesjebtikenner heeft gemaakt. We hielden stil voor een groot doek.

En ja, daar was het, ik wist dat het ooit eens zou opduiken, dat brokje materiële cultuur dat Jean 's fascinatie voor het oude Egypte moet hebben opgewekt. In een decor waarvoor kennelijk de Vallei der koningen in Thebe model heeft gestaan, rijst, tussen andere Egyptische voorwerpen en in de nabijheid van een godinnenfiguur – Ine! – uit een zanderige bodem Jean's 'scherf' op, een met precisie geschilderde, dus duidelijk herkenbare oesjebti van diep-blauwe faience.

Jean, mogen er naast je portretten en je zogenaamde 'gekke schilderijen' (een benaming van jouzelf) nog vele doeken volgen waarin je Egyptische belangstelling zo prominent wordt getoond. Om met de Egyptenaren te besluiten: 'Leven, Heil en Gezondheid', tot in lengte van jaren!

Hans. D. Schneider

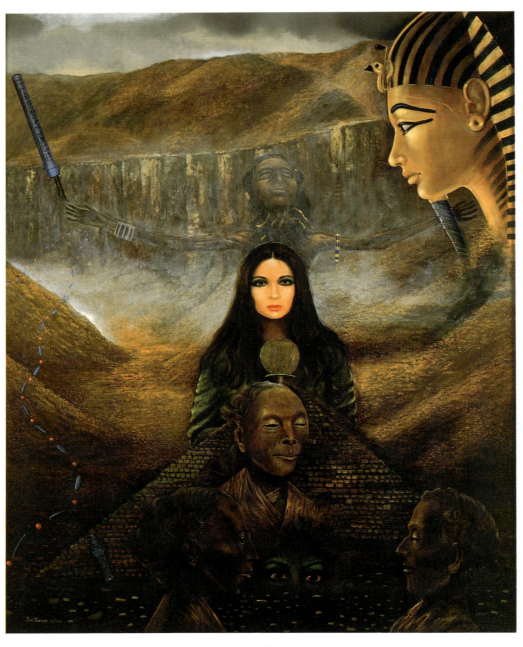

'Valley of the Kings, linnen, 80 x 100 cm, gesigneerd l.o.
collectie kunstenaar.

Valley of the kings

Een kleuter keek in de jaren 50 gefascineerd in de etalage van een wonderlijke winkel aan de Haagse Suezkade. Je kon er Egyptische oudheden en bodemvondsten uit de Romeinse tijd kopen. Maar de meeste indruk maakte een mummie van een Egyptenaar uit de tijd der Ptolomaëen. Toen het kereltje werd gevraagd wat hij op zijn verjaardag wilde hebben, riep hij spontaan: 'de mummie'. Maar hij heeft hem niet gekregen...
Wat bleef was een levenslange belangstelling voor archeologie en met name het Egypte van de farao's. In zijn wonderlijke, absurde hallucinaties zien we farao's voorbij steppen of van pyramides naar beneden roetsen op ski's. Al bijna twee decennia is model Ine prominent aanwezig. Wij herkennen haar als de mysterieus kijkende Prinses Baketaton op een type schilderijen met een wat serieuzer karakter.
Het hier afgebeelde werk moet zijn ontstaan na een reis naar Egypte waar de schilder zeer verbaasd rondkeek in de Vallei der Koningen. Het hield hem bezig dat hier helemaal niets groeide en dat er sinds de begrafenissen van de heersers van het rijk aan de Nijl niets is veranderd. Alles is sinds mensenheugenis het zelfde gebleven.
We zien Ine met een antieke spiegel in haar hand. Achter haar doemt de mummie op van Koningin Nesi Chonsoe, een vorstin die ruim 1000 jaar voor Christus in Thebe één der machtigste vrouwen was. Op de voorgrond herkennen we de mummiehoofden van Joeja en Toeja, die de schilder zeker in het museum van Caïro gezien moet hebben. Opvallend zijn de twee oesjabties. Dit zijn dodenbeeldjes die men aan een overledene meegaf voor het werk dat men in het dodenrijk moest verrichten. Eén ervan draagt de cartouche van priesterkoning Pinodjem Meramun, de ander van Nepherites, een obscure vorst uit de 29ste dynastie.
Het gouden masker van Toetanchamun is opvallend aanwezig. Wellicht memoreert de aanwezigheid van dit dodenmasker het feit dat het stoffelijk overschot van deze Koning het enige is dat nog in de Vallei aanwezig is. Het lijkt of zijn geest hier waakt.
Dit schilderij komt niet voor op de lijst van Egyptische doeken die in 1986 in Southcounty werden geëxposeerd; klaarblijkelijk is het van latere datum. Signaturen en data op de werken zelf zijn vaak hoogst onbetrouwbaar omdat de maker pas na jaren een werk signeert. Bijna alle Egyptische voorstellingen werden met mummiepoeder vervaardigd. De grote contrasten in kleurstelling leveren grote problemen op bij het fotograferen van de werken.

The voice of Egypt no. 1

Onder de titel 'Voice of Egypt' kennen we een vijftal grote doeken waarin de schilder zijn model als Godin of Koningin laat figureren. Zij schijnt de beschouwer iets te willen laten zien. Een Egyptoloog zal vreemd met de ogen knipperen bij het zien van de ratjetoe aan spullen uit verschillende perioden en ook verbaasd kijken naar de groene jurk die deze koninklijke mevrouw aanheeft. Achter haar ontdekken we de bekende cederhouten sarcofaag voor Koningin Meritamun, ingelegd met duizenden stukjes blauwe lapis lazuli die spontaan lijken los te laten. De gouden voorwerpen op het schilderij zijn bestaande stukken die momenteel in het museum van Caïro zijn te zien. Ze werden ontdekt door Professor Pierre Montet die tijdens de Tweede Wereldoorlog in Tanis de meest spectaculaire vondst uit de geschiedenis van de Egyptologie deed.

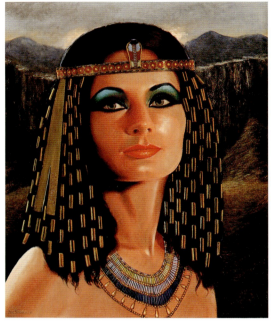

Queen Mudnedjmet
paneel, 70 x 80 cm.
particuliere collectie.

'The Voice of Egypt no.1'
linnen, 150 x 100 cm
gesigneerd r.o.
particuliere collectie, Malaga.

Howard Carter werd wereldberoemd toen hij het graf van Toetanchamun in de Vallei der Koningen ontdekte. Maar het is heel weinig mensen bekend dat dit graf twee keer in de oudheid was geschonden!

Pierre Montet was er van overtuigd dat zijn ster nog meer zou schitteren dan die van Howard Carter, dat zijn naam spoedig op ieders lippen zou liggen en dat Koninklijke Hoogheden naar Tanis zouden komen omdat hij de allereerste Egyptoloog was die een ongeschonde Koningsgraf vond. Maar Koning Psusennes werd niet wereldberoemd. Pierre Montet stierf als een vergeten man omdat er gedurende zijn ontdekking een wereldoorlog aan de gang was. Niemand was geïnteresseerd in Koning Psusennes, zijn Generaal Wendjebauendjed, Koning Shesjonk en Koning Amunemope die allemaal in dit complex werden aangetroffen.

De gouden voorwerpen staan nu in een zaal van het museum, maar het leeuwendeel van de bezoekers heeft er geen belangstelling voor. In het boek *Rock and Rollherinneringen* is een verwijzing terug te vinden naar dit schilderij waarop we een verbeelding zien van Koningin Maatkaré. En we weten dat het vervaardigd werd onder een oorverdovend geluid van muziek uit de jaren 50 die de schilder in zijn Haagse atelier 's nachts

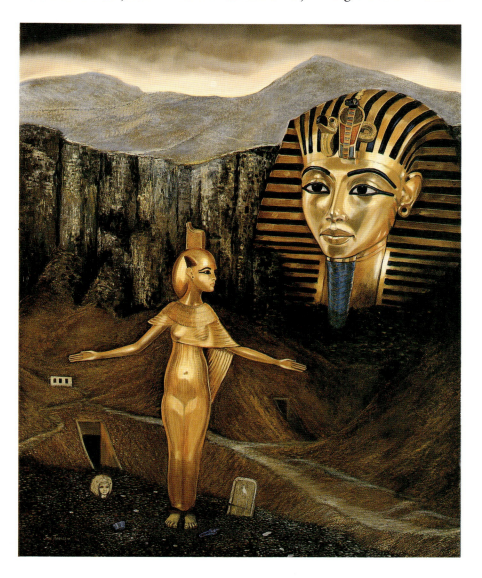

'The Voice of Egypt no.4'
linnen, 100 x 80 cm
gesigneerd l.o.
collectie kunstenaar.

draait. De bijzondere bruine kleur is ook hier ontstaan door het gebruik van mummiepoeder. Hoe macaber dit ook mag klinken, deze techniek werd al in de 17de eeuw toegepast. We weten dat Rembrandt mummiepoeder heeft gebruikt en ook van Rubens is bekend dat hij een kindermummie bezat waar stukken van werden afgebroken om te worden vermalen tot het bijzondere poeder dat in die zelfde tijd ook werd gebruikt in de apotheek als medicijn. In de vorige eeuw verdwenen duizenden mummies in de Engelse locomotieven als brandstof. Bekend is ook dat Egyptische boeren gewone mummies stuksloegen en als kunstmest hebben gebruikt.

Jean Thomassen ziet een zekere symboliek in het gebruik van mummie: 'Ik maak Egyptische voorstellingen en dat gebeurt met mummiepoeder. Recycling op de juiste manier!'

Een jarenlange vriendschap met een handelaar in antiquiteiten voorziet hem van een constante aanvoer van deze wonderlijke grondstof. Maar de mummies zijn schaars geworden, vooral degene van circa 1000 voor Christus die bijna zwart zijn van de balsemingrediënten en een schitterend diep bruin opleveren, Dit zeer moeilijk te fotograferen werk is nooit tentoongesteld en bevindt zich nu bij een verzamelaar in Malaga. Het moet in de periode 1988-1989 zijn ontstaan, De bronzen kat rechts vooraan is terug te vinden in het British Museum te Londen.

The voice of Egypt no. 4

Het blijkt bijzonder lastig om vast te stellen hoeveel doeken door Jean Thomassen zijn gemaakt met Egyptische voorstellingen. Eén van de oudst bekende is 'Weeping for Hori'. Het stelt een Egyptische begrafenis voor. We zien priesters een sarcofaag sjouwen in de verlaten vallei der stilte. Dit werk bevindt zich nu in een Amerikaanse collectie en dateert uit circa 1985.

Een jaar later schrijft de Nederlandse pers uitgebreid over een rechtszaak die de kunstenaar aanspande tegen kunstpromotor Bertil Fortrie. Deze had werken van een groep bekende Nederlandse kunstenaars naar Amerika overgebracht. Hij had vervolgens een lening afgesloten op de aan hem in consignatie gegeven werken. Maar omdat er geen invoerrechten waren betaald liet de Amerikaanse overheid beslag leggen. Thomassen was de enige gedupeerde die naar de rechter stapte, Hij won de rechtszaak en Fortrie werd veroordeeld tot o.a. het terugsturen van de doeken. Ze kwamen in repen gesneden op Schiphol aan... De verzekeringsmaatschappij heeft drie van de beschadigde werken ingenomen en het is onbekend wat er verder mee gebeurde nadat de schade was uitbetaald.

Uit die periode dateren doeken met Toetanchamun (één met pyramides bevindt zich in de collectie Vandersloot). Een andere Toetanchamon met rechts vooraan de in lapis lazuli-blauw uitgevoerde kop van Echnaton is thans te Lymsassol/Cyprus.

Er bestaan ook kleine Egyptische miniaturen. Eén ervan werd afgebeeld in *Panorama* (no. 19 van 13 mei 1983). Het stelt een farao voor, gezeten op een troon met rechts van hem een jongetje. Dit paneeltje werd gestolen op een expositie bij Galerie Stahlecker te Den Haag. Het is het enige van meer dan 25 gestolen werken dat werd teruggevonden. Na enkele weken werd het zonder lijst per post aan de Galerie teruggestuurd door een berouwvolle dief. Nu bevindt dit miniatuur zich bij een verzamelaar in Alkmaar.

Van iets latere datum kennen we een miniatuur van 13 bij 18 cm., met daarop een liggende prinses op haar rustbank met links een slaaf die haar koelte toewuift. De verblijfplaats is onbekend.

Uit de serie 'Voice of Egypt' bevindt zich bij een collectionneur in Bergen een zeer wonderlijk doek waarop we op het dak van een Egyptische tempel een Salomé-achtige vrouw zien kijken naar een sarcofaag die daar om onduidelijke redenen is neergezet. De tempel is gesitueerd in de Vallei der Koningen waar in het half duister vreemde ogen naar ons loeren. Op het hier afgebeelde werk zien we links vooraan de Moedergodin Isis. Het is één van de vier gouden beelden die het stoffelijk overschot van de Koning moesten bewaken met hun uitgestrekte armen. Rechts van haar zien we in de grond een grafsteen voor Koning Den. Het is een bestaande stèle in het museum van Caïro. Het schilderen van goud is van oudsher erg moeilijk gebleken. De kunstenaar is er vooral op dit doek meesterlijk in geslaagd het kostbare metaal te suggereren. Van deze voorstelling bestaat een kleinere variant van 40 x 50 cm. Hierop zien we links vooraan i.p.v. de Godin Isis een gouden houten beeld van de farao zelf met zijn staf en vlegel, tekenen van zijn koninklijke waardigheid.

The voice of Egypt no. 5

Dit is zonder twijfel het mooiste werk uit deze reeks. Het moet gedateerd worden in de jaren 90 en we zien het model schitterend geschminkt als voorname Egyptische Prinses. Deze pose was enkele jaren eerder al te zien op een schilderij dat zich in een Haagse collectie bevindt en dat we kennen uit krantenfoto's uit 1987. Daar staat het model in de Vallei der Koningen met rechts van haar een kubusbeeld in zwart graniet. De voorstelling die we hier zien is nogal raadselachtig. Centraal staat een bruin mummiegezicht dat doet denken aan het schitterende gelaat van de mummie van Koningin Henouttawy, die eind jaren 80 werd gerestaureerd. Dat het om een mummie gaat weten we door de hand eronder met aan de ringvinger een gouden kantelring met scarabee. De uitgemergelde hand lijkt uit een opengeknipt windsel te steken. Een soortgelijke vrouwenhand

'The Voice of Egypt no.5'
linnen, 120 x 100 cm.
gesigneerd r.i. in voetstuk van standbeeld
particuliere collectie.

bewaart de maker in zijn atelier. Het blijft heel raadselachtig wat de bedoeling is van de enorme regen van lapis lazuli-blauwe amuletten en steengruis. We herkennen Egyptische amuletten die tegen kwalen en ongelukken moeten beschermen. We zien zelfs een gezichtje, gemaakt uit carneool dat ooit een stukje was van de inleg van een kostbaar meubel of kistpaneel. Op de voorgrond herkennen we ushabties (dodenbeeldjes) in cobalt-blauw voor Koning Pinodjem Meramun die 1000 voor Christus leefde.

Graffiti, waarmee de schilder beroemd werd, is niets nieuws. Al in de oudheid krasten Griekse toeristen hun naam in de beelden en pyramides. En we zien het dus ook in de wanden van deze wonderlijke ruimte die veel doet denken aan het interieur van de tempels te Aboe Simbel. We kunnen o.a. lezen dat Belzoni hier geweest is. De krachtpatser en avonturier die ooit het graf van Koning Sethi in de Vallei der Koningen ontdekte. Of Eddie Cochran, de in 1960 overleden zanger, hier ooit was, moet worden betwijfeld. Waarschijnlijk moet de betekenis van zijn aanwezigheid worden gezocht in het Egyptische geloof dat men gemummificeerd de eeuwigheid kon trotseren. Er zou een dag komen dat men ontdaan van zijn windsels het zonlicht weer zou aanschouwen. Deze profetieën zijn onderwerp van bestudering geweest in tal van ingewikkelde theosofische en esoterische boeken, maar in de Egyptologie is sprake van minder concrete omschrijvingen.

Feit blijft wel dat Koning Ramses enige tijd geleden per vliegtuig werd overgebracht naar Frankrijk om daar te worden behandeld voor een bacterie of schimmel die zijn stoffelijk overschot aantastte. Zijn mummie heeft boven de wolken gezweefd en werd met koninklijke eer ontvangen. Zijn ogen hebben na vele eeuwen het zonlicht weer kunnen zien.

De schilder verrastte mij met een frappante opmerking:

'Vind je niet dat Ine vreselijk veel op Nefertete lijkt?'

Er is inderdaad een verbazingwekkende overeenkomst met de beeldschone vrouw van ketterkoning Echnaton. Of zij ooit nog eens in die hoedanigheid zal worden uitgebeeld?

Bedrijfsleven

Midden jaren tachtig ontdekt het bedrijfsleven het werk van de schilder. Philips, de Provinciale Electriciteitsmaatschappij Noord Holland, Fokker en Duphar besloten werk aan te kopen voor hun kantoorruimten.

De president-directeur van het grootste Nederlandse bedrijf gespecialiseerd in het vervoer van reizigers zag daar ook wel wat in. Voor de directieruimtes wilde hij wel eens wat anders. Niet die afgezaagde aquarel in aluminium wissellijst of dat nietszeggende abstracte schilderij uit de kunstuitleen waar zijn bedrijf al vol mee hing. Hij zocht contact met Thomassen en gaf hem de vrije hand iets aparts te maken. Enige voorwaarde was dat iets geschilderd werd dat de aandacht zou trekken van wachtende relaties. Zo ontstond 'de toren van Babel', een doek dat zó in de smaak viel dat de vergaderingen vaak later begonnen dan geplanned. Eerst werd er uitgebreid over het schilderij gepraat.

Een directeur van een firma gespecialiseerd in premiums polste de schilder over het ontwerpen van zeefdrukken met oude Egyptische voorstellingen. Ze zouden in een oplage van 500 stuks als relatiegeschenk naar artsen en apothekers worden gezonden. Er moeten er zo'n 4500 van zijn vervaardigd. Het was voor de kunstenaar een ideale manier om bij een interessante doelgroep onder de aandacht te komen.

In de jaren tachtig werkte Thomassen ook voor de Engelse Diner's club, die de schilder exclusief inhuurde voor het vervaardigen van schilderijen van huizen en landgoederen, die eigendom waren van leden. Sommige van deze mensen waren zo gefascineerd door het werk dat ze de schilder opzochten om een portret te laten vervaardigen van een overleden familielid of een vertrekkende directeur.

'Dansende scharen', 1985
olieverf/paneel, 30 x 40 cm.
aangekocht door P.E.N. Bloemendaal

'Humanstreet', 1984
paneel, formaat onbekend.
verblijfplaats onbekend.

'Hotel Bep', 1985
olieverf, 50 x 60 cm.
particuliere collectie.

'Watersport', 1986?
paneel, 18 x 24 cm.
particuliere collectie.

Het hoofd van de slager

Jonge kunstenaars zijn idealistisch. Zij menen dat de wereld smachtend zit te wachten op hun creaties. In de praktijk heeft meestal maar een enkeling iets bijzonders te tonen. Het leeuwendeel der hedendaagse kunstenaars heeft een manier gevonden om met verf doeken vol te smeren en ze lijken daar tot in het oneindige mee door te gaan. Het is een eeuwige herhaling en pas aan het eind van hun leven blijkt dat ze artistiek al heel vroeg waren vastgelopen, want schilderkunst is net als het leven: het verandert steeds, het groeit, sterft af en kabbelt op de golven van de tijd.
De grote meesters hebben dat allemaal begrepen. Wie de eerste werken van Rembrandt bestudeert, ontdenkt fraaie, dun geschilderde voorstellingen in de traditie van Pieter Lastman: een heel contrast met de laatste werken van de meester waarop het lijkt of hij met verf heeft gemetseld.
Pablo Picasso wisselde even gemakkelijk van stijlen en technieken als van vrouwen, en of wij zijn werk nu mooi vinden of niet, het heeft enorme zeggingskracht en vitaliteit: trefzekere penseelvoering met de onrust van een gedreven genie.
Het is sommige mensen bekend dat ik weinig op heb met het hedendaagse realisme in de schilderkunst. Juist daar zien we de eeuwige herhaling, de bekende stereotype van de schilder die een andere herhaalt. Stillevens met half rot fruit, glazen flesjes of een oude schoen, keurig gekopieerd naar de werkelijkheid, maar zonder enige bezieling of originaliteit. Het werk dat Jean Thomassen tot midden jaren tachtig schilderde wil ik daar ook zeer zeker onder kwalificeren. Hoewel hij nooit stillevens maakte zijn de bijna fotografisch geschilderde miniaturen en portretten van b.v. Ine Veen, m.i, niets bijzonders. Is dit nu zijn bijdrage voor de schilderkunst van nu? We kunnen vaststellen dat enkele zeer knap gemaakt zijn, maar er zullen ongetwijfeld nog wel meer jonge schilders zijn met deze gave.
Mijn belangstelling werd pas gewekt door zijn vreemde werken die we moeilijk kunnen onderbrengen bij het magisch realisme, surrealisme of fantastisch realisme. In Amerika wordt dit genre 'absurdism' genoemd en als dit een nieuwe richting is, dan is Jean Thomassen de meester van het weergeven van de absurde werkelijkheid.
Hij geeft zelden uitleg over zijn ideeën maar ik wil u een leuke anekdote niet onthouden die ik zelf mocht meemaken als toeschouwer op een tentoonstelling met werk van de schilder. Daar hing Salomé, een voorstelling van de bekende vrouw met een schotel in de handen, waarop het hoofd van Johannes was te zien. In dit geval leek dat hoofd erg op dat van de maker. Een zeer geïnteresseerde dame blijft er verbaasd voor staan en vraagt aan de schilder wie dat moet voorstellen?
Thomassen kijkt haar onderzoekend aan en zegt 'Dat mevrouw, ... is de vrouw van de slager, mèt de slager. De dame kijkt hem op haar beurt verbaasd aan en zegt: 'Gôh... ik wist niet eens dat ze getrouwd waren!'
In deze periode, rond 1986, is de schilder een volslagen nieuwe weg ingeslagen. We zien dat al op 'Dearest in blue' uit 1989, hierop is het fraaie uiterlijk van zijn model aangetast. In haar hals zijn gaten waarin we vissen zien zwemmen en in haar bovenarm gluurt een gezicht naar ons. Het treffendst vind ik het hangslot achter haar in het weiland. Er staat op

'Salomé', 1984
linnen/olieverf, 18 x 24 cm.
particuliere collectie, Heiloo.

'Dearest in blue', 1989
linnen/olieverf, 70 x 80 cm
collectie kunstenaar.

geschreven 'house for sale' en het blijkt hier te gaan om een zelfportret, maar dan wel het malste wat ik ooit zag. De schilder loert via het sleutelgat naar de toeschouwer en naar het bijna poppige gezicht van Ine. Op de achtergrond is een vreemd landschap met huizen te zien waarin lege flessen en boeken een andere functie hebben gekregen. Ze schijnen onderdeel te zijn geworden van een stad. Mensen die zich verdrinken in een fles of begraven in een boek. Ook hier de meest idiote teksten op de muren. In eerste instantie vermoedt men dat de schilder bij het vervaardigen van dit schilderij wel erg onder invloed moet zijn geweest, maar de pijnlijk geschilderde lettertjes zijn met deze theorie in tegenspraak.

Enkele jaren later grijpt Thomassen toch weer terug naar het keurig gepenseelde naakt. In 'Thinking of our love' zien we een naakte vrouw op een klapstoeltje. Ze heeft een soort pyamajasje aan; met een neutrale achtergrond zou dit een gewoon schilderij zijn. In de boom achter de vrouw loert echter een oog, een thema dat we wel vaker bij Thomassen tegenkomen. Het gebergte in de verte bestaat uit enge, wat aapachtige gezichten. Er is een vuur gemaakt en een enorme vork steekt in de grond.

Waaraan denkt deze vrouw? Aan liefde. Dat blijkt uit het feit dat ze maar één schoen aan heeft. Waar is de tweede? Waarschijnlijk in de boom

'Thinking of our love', vermoedelijk 1992
paneel, 13 x 20 cm.
gesigneerd l.o.
particuliere collectie.

gegooid, volgens het aloude gebruik van verliefde zigeuners om een schoen in een voor hen bijzondere boom te gooien en daarbij een bepaalde formule te reciteren.

Awards

'Als je op je 45ste nòg niets bereikt hebt in dit vak, kun je beter wat anders gaan doen', meent Thomassen. Voor hem ging de tijd dus dringen. Het jaar 1987 zou een keerpunt in zijn loopbaan worden.
Niets vermoedend stuurt hij werken naar Canada om daar deel te nemen aan de selectie voor de tentoonstelling van de International Exhibition of Art, in Toronto.
Zijn schilderijen tonen farao's op ski's die van een pyramide naar beneden roetsen in een landschap met copulerende scharen. Op een ander werk een afbeelding van de Titanic die op een grasveld is vast gespijkerd omdat het schip zich anders te pletter zou varen tegen een aardbei-ijsje zonder slagroom. Op het achterdek probeert Napoleon met kromme vorken, bij gebrek aan roeispanen, het tij te keren.
Het derde werk draagt de titel 'Dutch Breakfast'. Hierop een landschap met een enorm groot sardineblik met daarin op elkaar gepropte mensen. Op de verpakking kan men lezen dat in Burlington Ontario zanger Ray Smith zelfmoord heeft gepleegd en zich met een pistool door het hoofd heeft geschoten. Een onbekende grapjas heeft er in graffiti onder geschreven: 'Nice done Ray, try it one more time!' Op de voorgrond een grote lucifersdoos waarin een bordeel gevestigd is en een wulpse makreel met bril ons verleidelijk aankijkt. Deze week als speciale attractie: walvis.
De Canadese jury, bestaande uit museumconservatoren, kunstcritici, galeriehouders en kunstenaars kijkt met stijgende verbazing naar vooral dit laatste werk. In de categorie oilpainting werd het in 1987 het enige bekroonde Europese werk. De maker kreeg een invitatie om naar Canada te komen, maar zag daar van af.
'Ach, dat is niets voor mij om daar wat rond te protsen. Ik ben dus niet gegaan', zegt hij bescheiden. Enige weken later ontving hij naast een cheque voor zijn gewonnen prijs ook een cheque voor de verkochte werken. Het was een groots moment: hij had bewezen dat een realistische autodidact na ruim 20 jaar erkenning kon krijgen. Niemand had in Canada ooit van hem gehoord; men beoordeelde louter op de voorstelling.
Ieder jaar doen zo'n 10.000 inzenders uit 70 landen mee en ieder jaar is er een andere jury. Een jaar later stuurde Thomassen wederom werk in. Niet in de verwachting iets te winnen wel met de hoop uitverkoren te worden om op de expositie te hangen.
Het meest opvallende werk van zijn inzending was een drieluik over Amsterdam. Op het rechter paneel lucifersdoosjes die bewoond zijn. Op één ervan kan je lezen dat Anne Frank hier leefde en ook dat Hitler er een bezoek bracht. Dat laatste schijnt te kloppen want die zien we op het dak naar een vies mannetje gluren dat uit een 'one minute hotel' komt waar je uitsluitend voor sex terecht kunt. Op het linker paneel is een vertrouwd Amsterdams straattafereel vastgelegd. Een hotel met daarnaast een Chinees-restaurant, gevolgd door wéér een hotel en wéér een restaurant in een eindeloze herhaling. Uit de grond steken een paar blote billen waarin een bordje is gezet met: metro ingang. Het middenpaneel laat het Rembrandtsplein zien waar het standbeeld van de grote schilder centraal staat. Op de sokkel kan je lezen waar je terecht kunt voor heroïne. Een rat op

'Bevaren water no.1', 1988.
linnen, 70 x 90 cm.
particuliere collectie.
Geëxposeerd op tentoonstelling Antwerpen 1988.

een verkreukelde fiets lijkt er voorbij te scheuren. Op de achtergrond een reclamebord van de Gemeente waarop voor de toeristen de belangrijkste informatie vermeld staat: Amsterdam; hier krijg je gratis aids en venerische ziektes. Koop hier uw explosieven en wapens.
Met dit zeer cynische drieluik won de maker wederom een Award in de categorie oilpainting. De Haagse Courant en het AD vonden het de moeite waard om aandacht te besteden aan 'de zwartgallige kunstenaar' die al wéér een prijs won!

'Bevaren water no.2', 1988/89.
olieverf/paneel, 30 x 40 cm.
particuliere collectie, Den Haag.

'Bevaren water no.3', 1989
linnen, 80 x 90 cm.
particuliere collectie.

Zijn andere ingezonden schilderijen tonen steppende Indianen met oorkleppen, farao's op de fiets in een landschap met masturberende molens en een werk met voetballende ratten. Wederom werd de kunstenaar geïnviteerd naar de prijsuitreiking te komen, maar hij zag daar ook ditmaal vanaf. De bekroonde werken uit alle categorieën waren in de Durhamgallery, een toonaangevend museum in Canada, te zien.

'Tja.. dat was heel bijzonder om daar wéér een Award te krijgen. Als je twee keer een prijs wint op zo'n grote competitie, met twee keer een andere jury, dan moet je werk wel bijzonder zijn. Ik heb sindsdien nooit meer aan mijn capaciteiten getwijfeld', aldus Thomassen, die dat zelfde jaar ook nog even een Award in New York won bij A.C.I. Hij ontving een fraai diploma voor 'extra ordinary service as a portraitartist', compleet met handtekeningen, veel goud en indrukwekkende stempels. In Amerikaanse films zie je dergelijke oorkonden vooral bij doktoren en rechters aan de wanden prijken. Wij Nederlanders blijken tòch tè nuchter voor dit soort diploma's. De schilder moet in vele dozen graven alvorens hij de oorkonde terugvindt. 'Ophangen? Waarom zou ik? Voor mij was het een kick zoiets te winnen. Niemand kan je dit afnemen, ik heb het eerlijk verdiend', merkt hij op.

Het einde van de buitenlandse prijzen was nog lang niet in zicht. Aangemoedigd door deze successen besloot Thomassen ook mee te doen aan de Bienale van Bulgarije.

'Summer in Holland' mag met recht een wonderlijke afbeelding worden genoemd; een landschap met in de klei weggezakte molens. Ratten scheuren in notedoppen voorbij of varen in luciferdoosjes. Museum-directeur Stefan Fortunov was er zeer van onder de indruk en besloot het aan te kopen voor het Museum van Gabrovo.

Een jaar later weet Thomassen een honourable mention voor zijn werk 'Dutch-artist' te bemachtigen. Op dit schilderij zien we een kunstenaar die net als Jezus gekruisigd is, niet aan een kruis maar aan zijn penselen. Het werk werd door de pers in Canada ernstig bekritiseerd vanwege de religieuze tendens.

Een eervolle vermelding ontving Thomassen ook voor 'Bevaren water', dat op een tentoonstelling van de Antwerpse Academie was te zien. Van dit onderwerp bestaan drie versies. De kleinste was te zien op een expositie in het Zuiderzeemuseum te Enkhuizen.

De absurde realiteit van Jean Thomassen

Algemeen wordt gesteld dat de kunstgeschiedenis als wetenschap is begonnen met de studie *Geschichte der Kunst des Altertums* van Johann Winckelmann uit 1764. Deze classicus was de eerste die een poging deed de overblijfselen van de Griekse oudheid op een wetenschappelijke manier te bestuderen. Hij hechtte als een van de eersten waarde aan het vastleggen van de exacte vindplaats, aan het nauwkeurig beschrijven en documenteren van de objecten, zodat een onderlinge vergelijking mogelijk werd. Dit vergelijken leert stijlen onderscheiden. Wanneer men gedateerde voorwerpen van zo'n stijl kent, kunnen de stijlen zelf uiteindelijk van dateringen worden voorzien.

De kunsthistorische wetenschap bestaat voor een deel uit het 'merken' van kunstwerken, het onderbrengen van voorwerpen in categorieën of stijlen. Dit gebeurde en gebeurt nog steeds om de inzichtelijkheid van (groepen van) kunstwerken te vergroten en grip te krijgen op de vele kunstuitingen die in de loop der tijden zijn ontstaan. Vaak zijn de sociaal-economische en maatschappelijke invloeden van een tijd dusdanig specifiek dat er van een tijdgeest gesproken wordt. De culturele voortbrengselen uit zo'n periode dragen dan het onmiskenbare stempel van die tijd. Kunstwerken dienen dan ook in de context van de tijd waarin zij zijn voortgebracht, bekeken en bestudeerd te worden. Niet alleen kunnen dan de beeldtaal en de beeldende middelen op juiste waarde geschat worden maar kan ook de (soms verborgen) inhoud worden achterhaald.

In dit licht bezien is het dan ook volstrekt misplaatst om te zeggen dat men de kunstwerken van een bepaald tijdperk, bijvoorbeeld de barok (17de-eerste helft 18de eeuw) niet mooi vindt. Temeer daar elke tijd weer anders tegen het verleden aankijkt en de bewondering of afkeer voor een bepaalde stijl of stroming nogal eens fluctueert. In wezen doet een waarde-oordeel als mooi of lelijk er niet toe. Het is een persoonlijke ontboezeming die ook niet meer dan die draagwijdte mag hebben. Een wetenschappelijk geschoold kunsthistoricus of een kunstkenner die zijn liefhebberij serieus neemt, ziet het verleden als een gegeven. Zij zullen uitsluitend kunstwerken die in dezelfde context thuishoren of in een bepaalde tijdspanne zijn vervaardigd met elkaar vergelijken. In feite gebeurt dit met alles zo. Wanneer men een goed zitbare en betaalbare keukenstoel wil aanschaffen, dan worden de voorhanden zijnde keukenstoelen met elkaar vergeleken en niet keukenstoelen met fauteuils of keukenstoelen met tuinmeubels. Hetzelfde geldt voor uitspraken inzake kunstwerken uit een bepaalde periode. Deze zijn alleen dán gefundeerd wanneer men zich verdiept heeft in wat men kortweg aanduidt als de tijdgeest. Vervolgens dient men dezelfde soorten kunstwerken met eenzelfde thema of bestemming met elkaar te vergelijken, dus schilderijen met schilderijen, beelden met beelden, en gebouwen met gebouwen. Een barok schilderij met een heroïsch thema kan dus niet vergeleken worden met een barok schilderij met een religieus onderwerp. Een portretbuste niet met een beeld van de roof van de Sabijnse maagden, een paleis niet met een kerk. Pas wanneer men op deze manier kunstwerken met elkaar vergelijkt, kan men tot een afgewogen oordeel komen en het onderscheid maken waar het om gaat: de kwaliteit. Deze is het resultaat van een combinatie van fantasie-talent-vermogen-techniek om een onderwerp zo vaardig en treffend mogelijk te visualiseren.

Dit onderling vergelijken van kunstwerken met elkaar, waarbij een referentiekader wordt geschapen en er historische of inhoudelijke verbanden worden gelegd, vindt over het algemeen weinig waardering bij de kunstenaars. Ook dán niet wanneer hun werk wordt vergeleken met dat van een groot meester. Elke kunstenaar wil origineel zijn en unieke – nooit eerder bedachte of vervaardigde werken voortbrengen. De realiteit gebiedt te zeggen dat dit heden ten dage nauwelijks mogelijk is: alles is al gedacht, gezegd en gemaakt. Uniciteit is uitsluitend nog in de marge mogelijk. Met deze constatering komt de vraag op of kunst dan per definitie vernieuwend en uniek moet zijn. Voor sommige kunstenaars en kunstcritici is dit een absolute voorwaarde. Anderen, onder wie de schrijver dezes, vinden dat naast originaliteit, kwaliteit en techniek de belangrijkste criteria zijn om een kunstwerk te beoordelen.

Het hedendaagse kunstcircuit in Nederland
Tegenover de uitspraken van het reguliere kunstcircuit – dat wil zeggen de toonaangevende musea en galeries – dat zij zouden inspelen op de actualiteit en kunstwerken van veelbelovende, niet-eerder-ontdekte kunstenaars exposeren en aankopen, klinken geluiden dat daardoor juist te vaak dezelfde platgetreden paden bewandeld worden.

Een kritische visie ten aanzien van het huidige kunstcircuit in Nederland werd vertolkt door Diederik Kraaijpoel in zijn geruchtmakende boek *De Nieuwe Salon. Officiële Beeldende Kunst na 1945*, dat in 1990 verscheen. Telkens komt hij hier in onverbloemde taal op terug. Zo stelt hij op pagina 116: *De moderne selecteur [...] is verre van blanco, men zou hem bij uitstek voorgeprogrammeerd kunnen noemen. Zijn programma bestaat ten eerste uit een kunsthistorisch gefundeerde ideologie die hem voorschrijft Mainstream te kiezen, ten tweede uit een selectiemechanisme op basis van reeds verworven* succes. *Hij kijkt niet zozeer naar de kunstwerken als wel naar de namen van de kunstenaars, de namen van de betrokken galeries en de namen van particuliere en overheidscollecties waar het werk reeds in is opgenomen.* There's no success like success. *Wanneer men hoort vertellen dat kunstenaar*

X of Y belangrijk *is*, dan betekent dat eenvoudigweg dat de kunstenaar goed verkoopt. Meer moet daar niet achter gezocht worden. Kraaijpoel staat in deze mening niet alleen. Sacha Tanja die de unieke en voor Nederland uitzonderlijke kunstcollectie van de ING-bank heeft samengesteld, schrijft: *Opmerkelijk is dat elk circuit een vrijwel compleet sociaal verband is van kunstenaars, kopers, bemiddelaars en critici. De grenzen tussen de circuits zijn sterk afgebakend en de hiërarchie en vooral de sociale immobiliteit doen denken aan de standenmaatschappij. Gebrek aan normen – vernieuwing is belangrijker dan vakmanschap, iedereen is potentieel kunstenaar – geringe particuliere belangstelling – 80 tot 90 procent van de Nederlanders van hoog tot laag koopt geen kunst – en het afschermen van de ingang tot hogere echelons – de term 'kunstmaffia' valt daarbij – zorgen voor het grote kunstenaarsverdriet. 'Verbittering over afwijzing na afwijzing en verloedering in de marge van het sociale zekerheidsstelsel zijn de wrange vruchten van een verleidelijk streven naar kunstenaarsroem.'* En verder: *Om de verstarde verhoudingen en vooroordelen op de weg van kunstenaar naar consument te doorbreken, lijkt een aantal zaken van essentieel belang.*
- Een onbevangen blik over het gehele veld van de kunstproduktie zonder het polariserend snobisme van de gemanipuleerde en gemonopoliseerde 'goede smaak[...] *– een regelmatig consumentenonderzoek als signaal voor de kunstenaar* (Kunst van de Bank. De kunstcollectie van de Internationale Nederlanden Bank, z.j., p. 13).
Recentelijk werd uitvoerig aandacht geschonken aan deze problematiek door Hans den Hartog Jager, in zijn artikel 'Ieder museum zijn eigen Armando. De doublures en hiaten in de Collectie Nederland' (NRC Handelsblad, 27 januari 1995, p. 1 en 2): *Ook bij de aankoop van werk van Nederlandse kunstenaars bestaat 'de tendens om elkaar na te apen', zoals Melle Daamen, directeur van de Mondriaanstichting, het uitdrukt. Uit een onlangs verschenen rapport van het ministerie van OCW blijkt, dat in de periode 1984-1991 maar liefst zeven Nederlandse musea in totaal 24 werken van 'post-conceptualist' Peter Struycken hebben aangeschaft. Zeven musea – en dat hoeven niet per se dezelfde te zijn – kochten 23 werken van Carel Visser, zes instellingen kochten 21 werken van Erik Andriesse en zeven musea schaften zich in totaal 18 Cornelius Rogges aan. Internationaal bekende Nederlandse kunstenaars als Jan Dibbets, Toon Verhoef en Stanley Brouwn komen daarentegen op deze top dertig van museumaankopen in het geheel niet voor – een teken van de onder de Nederlandse musea heersende zwaan-kleef-aan-mentaliteit. De laatste jaren lijkt de aankoopcolonne zich te hebben verplaatst in de richting van Armando en Marlene Dumas, kunstenaars die door verschillende kleinere musea worden opgegeven als 'kern van hun verzamelbeleid'. 'Ieder museum z'n eigen Armando-collectie', lijkt zo langzamerhand het credo in de museumwereld te zijn geworden.*
Den Hartog Jager vertolkt de voorzichtige opvatting van de Rijksdienst Beeldende Kunst, Carel Blotkamp en Melle Daamen dat in Nederland langzamerhand een beleid gevoerd dient te worden dat meer gericht is op collectievorming. Subsidies dienen voor het grootste gedeelte aangewend te moeten worden om bestaande collecties met relevante werken aan te vullen of uit te breiden. Daarnaast moet intermuseaal ruilverkeer eveneens clustering van bijeenhorende werken bevorderen. Daamen blijkt bovendien subsidies te hebben verstrekt aan kleine en middelgrote musea omdat daar 'soms heel aardige dingen gebeuren'. Beide opvattingen getuigen niet alleen van moed maar ook van realiteitszin.

Alleen dán wanneer men met een minder gepredestineerde kijk de hedendaagse kunstuitingen beziet, ontdekt men dat er naast het reguliere kunstcircuit of – zoals Kraaijpoel dat zo fraai aanduidt als 'Mainstream' – talloze kunstenaars zijn die origineel en kwalitatief hoogstaand werk produceren.
Zo'n kunstenaar is de schilder Jean Thomassen (1949).

Jean Thomassen: zijn absurdistisch-realistisch werk

Grofweg kan zijn werk ingedeeld worden in drie categorieën, te weten portretten, schilderijen waarin de Egyptische motieven overheersen, en werken die het best als 'absurdistisch' gekwalificeerd kunnen worden. De schilderijen waarin de 'Egyptologie' overheerst, worden in het artikel van prof.dr H.D. Schneider behandeld. In deze bijdrage vormen zijn 'absurdistische' werken onderwerp van bespreking.
Allereerst moet geconstateerd worden dat de meningen over het werk van Thomassen, zijn portretten uitgezonderd, sterk uiteenlopen. Dat is een goed teken: kennelijk is er iets aan de hand.
Om het werk van Thomassen te plaatsen, grijpen we terug op de uitgangspunten zoals in het begin van deze bijdrage zijn uiteengezet.
Enerzijds kan het werk van Thomassen vergeleken worden met dat van andere kunstenaars en ook kan het in een bepaalde tijdsgebonden stijl of stroming ondergebracht worden. Kortom, zijn werk kan van 'merken' worden voorzien. Anderzijds onttrekt het werk zich aan een sluitende toe- of omschrijving door het gebruik van een volstrekt individuele beeldtaal of een onwaarschijnlijke combinatie van meerdere bekende beeldmotieven, en de plaatsing van 'onbegrijpelijke' teksten en woorden in het beeld.
Laten we beginnen met het 'merken'. De schilderijen van Jean Thomassen behoren om twee redenen onmiskenbaar tot de Nederlandse schilderkunstige traditie. Allereerst zet hij de voor Nederland zo kenmerkende figuratieve fijnschilderkunst voort die met name in de 17de eeuw – 'de Gouden Eeuw' – een ongekende bloei doormaakte en een opleving kende in de 19de eeuw en de jaren dertig van de 20ste eeuw.
Na de Tweede Wereldoorlog was de figuratieve (fijn)schilderkunst een tijd lang 'not done'. Kunstenaars en recensenten die deze richting voorstonden, werden verketterd door het officiële kunstcircuit van musea en galeries. COBRA en de abstracte schilderkunst in allerlei gradaties en vormen, zetten de toon. Hierin kwam een kentering in de jaren zeventig. Sedertdien wordt de figuratieve schilderkunst niet alleen geaccepteerd maar in bredere kring gewaardeerd. De figuratie, de olieverftechniek

Drieluik zonder titel, 1990.
mahoniehout, 18 x 30 cm.
particuliere collectie.

en de fijnschilderkunst maken opnieuw furore: oer-Nederlandse genres als het stilleven, het landschap en het interieur herleven. Het werk van Jean Thomassen past volledig in de trend van deze tijd: zijn werk is figuratief en het wordt in een perfect beheerste fijnschildertechniek uitgevoerd.

De term figuratie is de parapluie waaronder talloze realismen schuilen. De gangbare definities om de verschillende soorten realisme te omschrijven, zijn niet van toepassing op het werk van Jean Thomassen. Zijn werk behoort niet tot het magisch realisme. Ook is het niet surrealistisch, hyperrealistisch of visionair realistisch. Hoewel er af en toe sprake is van een bepaalde naïviteit kan het zeker ook niet tot de naïef-realistische schilderkunst gerekend worden.

De meest toepasselijke, maar overigens ook niet afdoende, karakterisering is *absurdistisch-realistisch*. In Van Dale wordt absurd verklaard als: ongerijmd, dwaas, zot, onverstandig, onnozel, strijdig met de rede; al deze verklaringen zijn in min of meerdere mate in het werk van Thomassen aanwezig.

Het narratieve (= vertellende) karakter van zijn werk is de tweede reden waarom zijn werk tot de Nederlandse schilderkunstige traditie behoort. Zijn werken zijn doorspekt met vertellende of pseudo-vertellende details en anecdotes. Het oog van de beschouwer wordt van detail naar detail, van verhaaltje naar verhaaltje getrokken. De toeschouwer wordt op een uiterst onderhoudende en actieve manier kijkend (bezig)gehouden. Woorden en teksten op de schilderijen lijken hun betekenis te verduidelijken. Met opzet worden de termen 'pseudo' en 'lijken' gebruikt, immers de betekenis van de werken van Jean Thomassen is niet eenduidig. Ook de titels van de werken dekken over het algemeen de lading niet. Het is dan ook de vraag of dit noodzakelijk, ja zelfs de bedoeling is.

Deze vraag wordt des te pregnanter wanneer men constateert dat er geen relatie bestaat tussen de woorden of teksten onderling maar ook niet tussen de woorden/teksten en de beeldmotieven. Ook in dit opzicht is Jean Thomassen een kind van zijn tijd, dat wil zeggen de 20ste eeuw. De Dadaïsten uit de jaren twintig van deze eeuw waren de eersten die moedwillig betekenisloze teksten en woorden in het beeld voegden met het doel verwarring te creëren of vragen op te roepen. Deze kunstenaars gooiden de knuppel in het hoenderhok en trachtten met hun ongebruikelijke werken het publiek en het kunstcircuit te shockeren en te provoceren, teneinde doorbraken te forceren. Dat laatste is daarna op dusdanig grote schaal gebeurd dat acties als van de Dadaïsten op dit moment volstrekt achterhaald zijn. Sedert hun optreden is op alle terreinen van de beeldende kunst elke grens overschreden zodat shockeren vrijwel onmogelijk is geworden. Afgezien van deze intentie echter, zijn veel kunstenaars geïntrigeerd geraakt door de combinatie tekst-beeld of uitsluitend tekst. Een selectie van kunstenaars die zich met dit thema bezighoudt, was in 1992 te zien op de tentoonstelling 'Woord en Beeld' in het MUHKA te Antwerpen. De meest bekende exponent van deze richting is ongetwijfeld de Amerikaan Cy Twombly (geboren 1927).

Samengevat kan gesteld worden dat de schilderijen van Jean Thomassen thuishoren binnen en een voortzetting zijn van de Nederlandse schilderkunstige traditie. Enerzijds vanwege de figuratie, anderzijds vanwege de fijnschilderkunsttechniek. Daarnaast is Thomassen een kind van deze tijd doordat hij in zijn werken onlogische, niet-bij-elkaar-passende beeldmotieven en niet-verklarende teksten en woorden, samenvoegt, een tendens die in gang gezet werd door de Dadaïsten.

Maar met deze globale 'merking', het onderbrengen van zijn werk in de Nederlandse schilderkunstige traditie, en de plaatsing van zijn werk in de 20ste eeuw en meer in het bijzonder in de oplevingstendens van de figuratieve schilderkunst sedert de jaren zeventig, houdt het op. Er zijn eenvoudigweg in deze tijd geen kunstenaars werkzaam die een dergelijk vèr doorgevoerd absurdistisch realisme beoefenen. De weg tot onderlinge vergelijking van de gelijksoortige kunstwerken teneinde tot een kwaliteitsoordeel te komen, wordt zo afgesneden.

Het Markiezenhof en de keuze voor Jean Thomassen

De keuze van het Markiezenhof voor Jean Thomassen vloeit voort uit een eigenzinnig expositiebeleid dat in 1991 begon. De handschoen die Kraaijpoel in de ring van museumdirecteuren had geworpen, werd opgepakt door René Bastiaanse, directeur van het Markiezenhof. Een reeks tentoonstellingen die 'De keuze van Kraaijpoel' was, startte. Deze richting werd daarna vervolgd. Geëxposeerd wordt kwalitatief hoogstaand figuratief werk van beeldend kunstenaars die in het officiële kunstcircuit ten onrechte niet of nauwelijks aan bod komen.

Aan dat criterium voldoet Thomassen. Hoewel er veel werk van hem in particuliere collecties aanwezig is, is de aandacht van de reguliere musea en galeries voor zijn werk vrijwel nihil. Dit is een omissie. Naast zijn hierboven reeds geprezen schildertechniek valt de oorspronkelijkheid van zijn werken op. Op welhaast explosieve wijze baant zijn fantasie zich via de penselen een weg naar het doek. In dit opzicht kunnen globale vergelijkingen in de trant van 'doet denken aan', 'lijkt op', 'roept associaties op met', getrokken worden. Het werk van Thomassen doet denken aan dat van Jeroen Bosch (ca. 1453-1516) en Melle Oldeboerrigter (1908-1976). De religieuze inhoud in het werk van Jeroen Bosch en de seksuele geladenheid in dat van Melle, ontbreken echter ten ene male in de schilderijen van Thomassen. Dat de associatie met deze beide kunstenaars toch gewekt wordt, heeft te maken met de meest in het oog springende kwaliteit van het werk van deze drie kunstenaars: het absurde, het bizarre, het wonderlijke, het fantasievolle, het ongerijmde, het ongrijpbare. Meer directe vergelijkingen met andere kunstenaars ontstaan doordat Thomassen rechtstreeks beelden of beeldmotieven overneemt in zijn werk. Maar het zou Thomassen niet zijn indien hij niet alleen de beelden en beeldmotieven verandert maar daardoor ook de betekenis wijzigt.

Voorbeelden van dergelijke ontleningen zijn: 'De Toren van Babel' (Pieter Bruegel ca. 1525-1569, 'De Toren van Babel'), 'Flying Saucers' (Johannes Vermeer 1632-1675, 'Het Melkmeisje'), 'Skitzo's are coming' (Rembrandt Harmensz. van Rijn 1606-1669, 'Tobias beschuldigt Anna van het stelen van een bokje'), 'Souvenir d'Anvers' (Peter Paul Rubens 1577-1640, 'Madonna met papegaai').

Het verst wordt het-ontlenen-aan doorgevoerd in 'Amsterdam with 28 x Rembrandt'. Bij dit schilderij krijgt de toeschouwer de onbedwingbare neiging de 28 in het schilderij voorkomende 'Rembrandts' op te sporen. Het schilderij wordt een zoekplaatje. Nu eens zijn de schilderijen van Rembrandt als schilderij opgenomen en hangen zij tegen de gevels en de brug. Dan weer worden zij verwerkt in de beeldtaal van Thomassen zodat er een andere, soms dubieuze of dubbelzinnige betekenis ontstaat. Zo bijvoorbeeld lijkt Susanna, zonder de ouderlingen die haar bespieden, en geplaatst achter een raam, op een publieke vrouw op de Walletjes. Hetzelfde geldt voor Andromeda. Zij lijkt in het werk van Thomassen eerder een exponent van de SM-cultus dan een koningsdochter uit de Grieks klassieke mythologie.

Onschuldiger ingrepen zijn het plaatsen van een zonnebril op de neus van een van de Staalmeesters die een rondvaart maken over de grachten. De anatomische les van Dr. Tulp vindt plaats in de etalage van de slagerij van Rembrandt. Rembrandt zelf fietst over de brug, terwijl de Emmausgangers op een terrasje een bestelling plaatsen. En zo gaat het maar door, er is te veel om op te noemen.

In een aantal schilderijen staan de steden Amsterdam en 's-Gravenhage centraal. Bestaande huizen, straten of stadsdelen zijn inderdaad ontleend aan genoemde steden maar zij zijn tot leven gekomen en vertonen een dynamiek van hellen, buigen, kantelen en zwellen. Bovendien nemen de huizen menselijke trekken aan doordat ze gekleed zijn: ritsen, BH's, riemen, broeken, knopen en stropdassen sieren de voorgevel ('1900 & Yesterday' uit 1989; 'Matchbox over Amsterdam'). In de huizen zelf is ook volop leven aanwezig. Gezichten en delen van gezichten, met name ogen en monden, vullen de ramen van de huizen, terwijl achter sommige ramen vissen zwemmen. Zo krijgen de huizen het ambivalente karakter van woonoord-aquarium. In de gevels zijn levensgrote kromme spijkers geslagen terwijl de daken worden bekroond met kurketrekkers en verwrongen sluitspelden ('1900 & Yesterday', 'Gone are the Days'). De verwarring wordt compleet wanneer tussen de huizen levensgrote sardineblikjes, half opengedraaid en wederom delen van gezichten vertonend, tussen de huizen staan opgesteld of er tegenaan leunen. In 'Flophouse with buttons' zijn een opengedraaid sardineblik en een luciferdoos het onderwerp. We zien Rembrandt benauwd ingeblikt tevoorschijnkomen, terwijl aan de sleutel om het blik open te draaien een spiegelei hangt. Het etiket bestaat uit een portret van Hendrikje Stoffels met de tekst: 'Rembrandts funny farm in oil'. Ook hier een dubbelzinnige toespeling op Hendrikje, het ingeblikt zijn van Rembrandt, en diens bezigheid namelijk schilderijen ('oils', het Engelse woord voor olieverfschilderijen) te produceren. De levensgrote luciferdoos is tevens een mens-erger-je-niet bord en uit de opengeschoven doos verrijst een naakte vrouw. In de doos staan piramides.

Dit tot waanzinnig grote proporties opblazen van attributen geschiedt op vele werken met lucifers en luciferdoosjes, schroeven en spijkers, spiegeleieren, potloden en brandende kaarsen. Het is één pandemonium waartussen dan ook nog eens muizen in karretjes, met of zonder racebaan, of in bootjes de stedelijke omgeving doorkruisen.

In het schilderij '1900 & Yesterday' uit 1989 dient een enorme schroef als sokkel voor een naakt vrouwenfiguur. Levensgrote lucifers dienen als palen om borden te stutten, als balken van hekwerken of als waterkering.

En wat te zeggen van de steeds terugkerende portretten van apen, die in de meest vreemde uitdossingen, de toeschouwer fixeren? En tussen die apekoppen bevindt zich altijd het portret van een Egyptische koningin. Op het schilderij 'Jullie' staan dergelijke apekoppen centraal. Ook hier weer zien we een uit proporties gegroeide luciferdoos, waarbij in het opengeschoven deel vissen zwemmen. De voorkant van de doos bestaat uit een gemankeerde klok die het opschrift 'Pavlova made in USSR' draagt. Rechts bovenop deze luciferdoos zit dan ook nog eens een kraai getooid in baseballpet en schaatsen.

'Pavlova was not here' staat te lezen op het drieluik 'Pavlova's zondvloed'. Bekend is dat Jean Thomassen de gedachtenis aan Anna Pavlova (overleden 1931) de bekende Russische balletdanseres, op alle mogelijke manieren in ere houdt. Het betreft hier dus een privé-annotatie, die echter niets toevoegt aan de ontsluering van de betekenis van dat alles. Op dezelfde ark van Noah staat in plat Amsterdams 'we sijn fol!'. Dat de huizen in de optiek van Jean Thomassen een eigen bezieling kennen, blijkt ook nu weer: ook één paar huizen is in de ark ondergebracht. Daarnaast keren de vissen, de muizen en twee geklede apen terug. De dinosaurus is echter alleen overgebleven, wellicht een verwijzing naar diens uitsterven?!? Onderaan de ark vinden we uiteraard de drenkelingen. Opvallend op dit schilderij maar ook op 'Jullie' zijn de aanwezige christelijke symbolen: een crucifix en met name de gestigmatiseerde handen: telkens keren deze als een soort laatste noodsignaal van de reeds ondergedompelde figuren terug ('Amsterdam with 28 x Rembrandts, 'Gone are the Days', 'Matchbox over Amsterdam'). Een kikker, gekruisigd aan penselen, vult het rechter beeldvlak van '1900 & Yesterday' uit 1990.

Tobias en Anna van het hierboven genoemde schilderij van Rembrandt keren terug in het werk 'Skitzo's are coming'. De eerste indruk die men krijgt is die van de Verzoeking van de Heilige Antonius. De verzoeking bestaat traditioneel veelal uit een combinatie van vrouwelijk naakt en monsters. Een schone Oosterse vrouw rijst op uit de opengesplitste kop van een harig monster. Dit laatste beeldmotief schijnt direct afkomstig te zijn uit een middeleeuwse laatste oordeel-scène in een miniatuur of op een tympaan. In de kast staat een boek met de dubbelzinnige titel 'Rembrandt skitzo's', een woord dat het midden houdt tussen schetsen en schizofrenen. Elke relatie tussen beeld en tekst ontbreekt ook in dit werk.

Het zou te ver voeren om elk schilderij in extenso te bespreken, voorzover een zinnige of inhoudelijke bespreking al mogelijk zou zijn. Jean Thomassen, gevraagd naar de betekenis van al die symbolen en combinaties, moet het antwoord schuldig blijven. Alle beelden 'stromen' in een eindeloze en tomeloze reeks uit zijn fantasie en worden via het penseel op het doek vastgelegd. Net als de videoclips die de popmuziek op een louter suggestieve maar niet direct verklarende manier ondersteunen, spreken de beelden van Thomassen een eigen taal. Elke toeschouwer zal een eigen interpretatie hebben. Wat algemeen geldt is de verwondering die de werken oproepen.

Johanna Kint stelt in de catalogus *Gedaanten van het realisme*, 1982, p. 17 en 18: *In 'Ueber das Geistige in der Kunst' betoogt Kandinsky dat niet langer de uitwendige gedaante van tel is maar de inwendige waarheid van de verbeelding. Het kunstbeeld, aldus de auteur, zal in toenemende mate de banden verbreken die het in de periode van het realisme aan het natuurbeeld hebben gekluisterd. Kortom, het aandeel van de geest zal voortaan van groter belang zijn dan het aandeel van de materie. Of, samengevat met de woorden van Paul Klee: 'Kunst geeft niet het zichtbare weer. Kunst maakt zichtbaar'. Dit inzicht heeft de weg geopend naar de hedendaagse opvatting volgens welke, met de woorden van de dichter Willem Kloos, 'kunst de allerindividueelste expressie is van de allerindividueelste emotie'. Met andere woorden gezegd: er zijn zoveel 'realiteiten' als er kunstenaars zijn.*

Wat blijft is de verwondering, het kijkplezier.

Drs Johanna Jacobs, conservator
Bergen op Zoom, februari 1995

Met dank aan drs. L.J.M. van de Laar en C. Vanwesenbeeck voor hun waardevolle commentaar.

1900 & Yesterday

Midden jaren tachtig speelde de bekende muziekpionier Dick Waanders met het idee een boek te realiseren waarin de meest fanatieke liefhebbers van Rock and rollmuziek van het eerste uur in ons land, uitgebreid aan het woord zouden komen. In 1989 verscheen *Rock en Rollherinneringen*, een curieus boekwerk dat ons leert dat de rockers van weleer anno 1989 brave huisvaders zijn geworden die met hun kinderen en soms kleinkinderen ravotten. Sommigen van hen zijn nu respectabele Nederlanders die met enige gêne over hun jeugdzonde verhalen. In zo'n boek mocht Jean Thomassen niet ontbreken. Van hem is bekend dat veel van zijn schilderijen ontstonden in een atelier waar diep in de nacht vele decibellen pianogetingel en saxofoongetoeter een aanslag op de trommelvliezen doen. Van enkele van die schilderijen zei nota bene een bekend criticus: 'ze stralen zo'n rust uit...'. Een intelligente psycholoog kan ons ongetwijfeld verklaren waarom een schilder in zo'n muur van kabaal geboeid kan schilderen. Het leek Waanders een leuk idee om Thomassen te vragen de omslag voor het boek te ontwerpen. Thomassen schilderde '1900 & yesterday' en stuurde er een dia van op. We zien Elvis Presley met zijn trio op een grasveld in Den Haag een act opvoeren. Op de achtergrond een ingezakt Mauritshuis en een stukje wonderlijk Binnenhof. Het scheve huis is er één zoals we dat kennen van veel andere werken. Het lijkt op de woning van de kunstenaar aan de Koningin Emmakade.
Toen het boek werd gedrukt en de eerste cover van de persen rolde ontstond er grote consternatie over de graffititeksten en mededelingen op het huis, die de uitgever ontgaan waren. Met vlijt werden de teksten weggeretoucheerd onder protest van de maker.
'Kijk, dat begrijp ik nu niet... we leven in een moderne tijd. Elke avond zie je de meest afschuwelijke dingen op de TV en een uitgever neemt dan aanstoot aan een paar teksten die ergens op een schilderij staan. Ik heb die teksten niet verzonnen want ze zijn echt. Ik zag ze als kind in de etalage van een voor mij duistere winkel waar men iets scheen te verkopen, wat? dat was niet duidelijk', aldus de schilder.
Thomassen's muzikale voorkeur, zo verraadt ons het boek, is er oorzaak van dat zijn model Ine liever geen stap in zijn atelier zet.
Als we John Heijnemans moeten geloven is het uitsluitend Rock and Rollmuziek die de schilder dagelijks afspeelt, maar dat is onjuist. Enkele intimi weten dat Jean Thomassen een brede muzikale belangstelling heeft. Hij kan in vervoering raken bij het horen van bluesmuziek van Elmore James of Janis Joplin, de onnavolgbare romantische hawaiiklanken van steelgitarist George de Fretes of de soulballaden van Otis Redding.
'Ik ben een kind van deze tijd, daarom hou ik van eigentijdse muziek. Maar ik geloof dat ik oud geworden ben. Wat men de laatste 15 jaar gemaakt heeft kan ik niet mooi vinden. De stilte is trouwens ook erg mooi en inspirerend', meent de kunstenaar.

Ongeveer een jaar later ontstond een grotere versie. Het is het eerste doek dat volgens een nieuw concept werd vervaardigd, een concept dat de schilder in het vervolg zou trouw blijven. Opvallend zijn de overeenkomsten

Vorige bladzijden:
'Pavlova's zondvloed',
xdrieluik 1990
paneel, 80 x 40 cm.
particuliere collectie.

met de traditionele middeleeuwse religieuze kunst.

Uit de middeleeuwen kennen we grote monumentale panelen die met een educatieve bedoeling werden vervaardigd. Op deze werken zien we b.v. de verkondiging aan Maria, de geboorte van Christus maar ook zijn kruisiging en wederopstanding. De gedachte erachter was dat deze visuele voorstellingen de fantasie moesten prikkelen van de ongeletterde gelovige in de kerk zodat deze zich iets kon voorstellen bij de verhalen uit de Heilige Schrift. Het kan geen toeval zijn dat bijbelse voorstellingen op middeleeuwse schilderijen – en ook uit latere eeuwen – ons mensen laten zien waarmee de toeschouwer zich kan identificeren: Jozef de timmerman lijkt dan bij voorbeeld op een timmerman uit Brugge of Amsterdam, en Maria is een gewone vrouw zoals ze naast je kon zitten op de kerkbank. Deze traditie van het verpakken van een boodschap in een religieus schilderij, bleef tot in onze tijd bestaan.

Jean Thomassen lijkt op deze methode voort te borduren. Niets op zijn schilderijen zal, zoals dat bij voorbeeld ook het geval was bij Jan Steen, er zonder reden staan.

Links op het grote doek '1900 & yesterday' zien we Elvis Presley met zijn trio. Insiders weten dat Elvis ten tijde van zijn optreden met dit trio een plaat maakte die 'I'm left you're right' heette. Daarom staat Elvis links op het schilderij en rechts zien we de schilder, gekleed in zwarte coltrui, met lange haren en zijn gezicht verborgen achter een zonnebril. Op vele werken staat de kunstenaar zelf afgebeeld, soms vele keren tegelijk!

Het Binnenhof en de Ridderzaal zijn wat uitgebreider geschilderd dan op de kleinere versie; maar wat vooral opvalt zijn de twee 'aangeklede' huizen. Het ene huis draagt een overhemd, het andere is bezig met een striptease en de rits van de achterpui is al voor de helft open. In de ramen van de pui zwemmen koele, ondoorgrondelijke vissen onrustig rond. We zien achter dit wulpse uitdagende huis een enorme lucifersdoos die een soort monument lijkt te zijn. We kunnen er een intrigerende vraag op lezen: 'What ever happened to...? en dan mag de toeschouwer kiezen uit een waslijst van namen, variërend van B. Thomassen tot en met Henryck Goldsmit, de directeur van het weeshuis van Warschau die op 6 augustus 1942 gediciplineerd de gaskamers van Treblinka betrad met zijn 192 weeskinderen. Dit lot hoefde Goldsmit niet te ondergaan van de bezetter, maar hij wilde 'zijn kinderen' niet in de steek laten. Hoewel hem de vrijheid was aangeboden verdween óók hij door de schoorsteen.

Met het gezellige schilderij boven het buffet dat zo leuk kleurt bij de gordijnen, heeft het werk van de schilder inmiddels niets meer te maken. De toevallige toeschouwer zal de diepere betekenis niet direct ontdekken en eerder geboeid zijn door idiote teksten als: 'te koop walvis op sap', 'don't call us, we kill you' of 'Skitzomania rules the world'. In deze poel van vervreemding is er toch altijd wel een punt van herkenbaarheid; centraal staat het monumentale 17de-eeuwse huisje in de Egelantierstraat 108 waar model Ine Veen ooit woonde. Vanaf het dak loeren een drietal van haar katten zeer geïnteresseerd naar ons. Wie de straat nu bezoekt komt tot een vreemde ontdekking; die oude straat is inmiddels omgetoverd tot een bestaand schilderij zoals dat door Thomassen bedacht had kunnen worden. Alle oude huizen zijn vervangen door enge, beklemmende nieuwbouw. Het oude huis op nummer 108 staat er wat misplaatst tussen en heeft inmiddels een ander huisnummer gekregen.

'1900 & Yesterday', 1988.
linnen, 55 x 65 cm.
gesigneerd l.o.
particuliere collectie

'1900 & Yesterday', 1989
linnen, 110 x 150 cm.
gesigneerd r.o.
particuliere collectie

Amsterdam

Waarschijnlijk is dit één van de wonderlijkste afbeeldingen die ooit van onze hoofdstad werden vervaardigd. Een vluchtige toeschouwer zal er niets vertrouwds in ontdekken en veeleer is er alles aanwezig van de absurde deformatie van beelden die de kunstenaar dagelijks schijnt waar te nemen en ergens te registreren.

We zien twee ratten in een enorme notendop op een ei (het IJ) varen en rechts daarvan een fraaie ceintuur (de Ceintuurbaan). Op de voorgrond strandt een oude verroeste trein van het type dat in de jaren zestig tussen Dordrecht en Amsterdam reed. De bestuurder is een verlepte Miss van jaargang 1880 en onder de passagiers bevindt zich Napoleon Buonaparte die later de U uit zijn naam haalde.

De deuren van de trein zijn met kettingen vergrendeld en er is een brievenbus in gezet. De E 10 blijkt op het dak te lopen en eenden op wielen gaan voorbij een grote kale boom. Volgens een bordje gaat het hier om een Arbre Pornosensis. Een grote geldbeurs herinnert aan de Beurs van Berlage. Maar het intrigerendst is het huis achter de trein dat volgens een goede Amsterdamse traditie een naam draagt zoals we dat van pakhuizen

'Amsterdam'
linnen, 140 x 110 cm.
gesigneerd l.o.
particuliere collectie.

kennen. Wellicht ís het een pakhuis en draagt het daarom de naam IJsland? Op de eerste verdieping ontwaren wij de Titanic die ten onder dreigt te gaan bij een aanvaring met een aardbei-ijsje zonder slagroom. Dit onderwerp, de ondergang van de Titanic, bestaat ook in een tweetal kleine voorstudies. Eén ervan vormde één van de ingezonde schilderijen naar de International Exhibition of Art in Toronto. Verder naar achteren op het schilderij zien we een enorme lucifersdoos waarin het hoofd van de maker fijngeperst lijkt te worden. Aan de buitenkant herkennen we het gezicht van Mathilde, 'de Koningin van het Amsterdamse uitgaansleven'. Ze is nu alleen nog maar een plaatje...

Verder zien we op de achtergrond een huis met een zwarte bril. Daarin is volgens het opschrift de blindenbibliotheek gevestigd. Een enorme koperen kraan met een vishaakje (een hijskraan dus) herinnert aan de vele pakhuizen in de hoofdstad.

Er zweven wonderlijke kleine huisjes door de lucht met vogelkoppen die er uitsteken. Ongetwijfeld vogelhuisjes. Er suist ook een fraaie naakte juffrouw voorbij op een enorme wasknijper. Wellicht op weg naar een onvergetelijke roes. Ze moest er wel even voor uit de kleren om een bezoek te kunnen betalen aan de 'Dutch Heroin Compagny', de trots van onze hoofdstad die niet vaak genoeg in het zonnetje gezet kan worden. De hoofdstad is vooral bekend omdat hier alles mag en kan wat God verboden heeft. Om misverstanden te voorkomen, op een bord in een steeg kunt u lezen dat God op u let.

Er is trouwens heel wat te lezen in deze stad. Op een reclamebord staat vermeld dat de vliegende schotels zijn neergestreken en dat het nieuws zich als een olievlek verspreidt. De waanzin en het verderf van een stad zijn hier op onnavolgbare wijze uitgebeeld.

Matchbox over Amsterdam

Soms is het heel moeilijk om vast te stellen wat de schilder ons wil laten zien. We kijken hier naar een gracht waarin enorme spijkers drijven en grote plakken ontbijtkoek. De brugleuningen zijn van lucifers en ook in de lucht regent het van die dingen. Achter een raam in het linker huis begluren twee luciferskoppen ons. Eén draagt een bril. In deze context is het niet verwonderlijk dat we op het straatnaambordje 'Matchbox' lezen. Ratten peddelen in de gracht voorbij in een notedop of lucifersdoosje. Het bekende pand op de Brouwersgracht werd later in wat normalere toestand afgebeeld in 'Winter in Amsterdam'. Opvallend aan dit schilderij is dat de enige twee levende wezens ingeblikt zitten en we herkennen ook handjes in het water van mensen die lijken te verdrinken en om hulp vragen. Dit raadselachtige schilderij heeft een droevige ondertoon die duidelijk wordt door de graffititeksten: 'For those who weep dead comes cheap'. Klaarblijkelijk is er iemand bewust in het water gesprongen. Niets is er zo vergankelijk als een lucifer die binnen enkele seconden opbrandt. Het lijkt een hedendaagse variant op het afbeelden van kindertjes die zeepbellen blazen op werken uit de 17de eeuw. De zeepbel liet zien hoe broos een leven was.
'Art = paint', 'Dump your Cadmium here', 'I hate Pete Casco', het zijn enkele van de vele ingekraste slagzinnen.
De meest intrigerende is die waar staat: 'King Kalmakoff'. Ik herinner mij ons gesprek destijds over deze schilder. Kalmakoff was een Rus die in Parijs wat zonderling leefde. Hij ontving nooit mensen en vlak voor zijn dood ontmoette hij een jonge vrouw van lichte zeden. Ze schudde de schilder letterlijk leeg, liet al zijn bezittingen op haar naam zetten en begeleidde hem vervolgens naar het armenhuis waar ze hem dumpte. Kalmakoff schijnt niets meer gezegd te hebben en stierf vlak daarna een roemloze dood. Hij kwam even in het nieuws doordat veilinghuis Drouot in Parijs de enorme aantallen schilderijen voor enkele francs per stapel verkocht. Op een andere tekst lezen we dat Gauguin hier niet geweest is. De plakken ontbijtkoek verwijzen naar het paradijs in de Stille Zuidzee (Cooke Islands) waar Paul Gauguin een heel wat minder exotisch leven heeft geleid dan men in Europa dacht. De inlandse bevolking moest weinig hebben van die rare witte meneer. Hij zat onder het ongedierte en op één van zijn laatste werken in dit tropische paradijs was een wintergezicht in Parijs te zien. In het vochtige klimaat waren al veel werken door insecten aangevreten. Het is deze ontluistering die waarschijnlijk de achterliggende gedachte is bij dit schilderij want zelfs in een grote stad als Amsterdam kan men eenzaam eindigen in de gracht van de waanzin, waar spijkers drijven en 'ratten' geen hand uitsteken naar een drenkeling.

'Matchbox over Amsterdam'
linnen, 120 x 100 cm.
gesigneerd l.o.
particuliere collectie.

Gone are the days

'Gone are the days when my heart was young and gay'..., luidt de eerste regel van een oud lied uit de slaventijd dat in 1960 in versneld tempo op de plaat werd gezet door pianomoordenaar Jerry Lee Lewis. Tòch gaat dit schilderij niet over hèm maar over zijn collega Gene Vincent. Er zijn treffende overeenkomsten tussen de schilder en deze zanger. Beiden waren onmogelijke mensen voor hun omgeving. Beiden leden aan mergkanker aan hun linkerbeen en beiden hadden te maken met de dreiging van amputatie. In 1971 kwam er een abrupt einde aan het gekwelde leven van Eugene Vincent Craddock. Schreeuwend van de pijn stierf hij op zijn knieën aan een inwendige bloeding.

De schilder bezit alles wat er ooit op tape is gezet van deze zanger die we twee keer op dit schilderij kunnen zien. Links vooraan staat hij in zijn zwart leren pak leunend op de microfoon met onder zijn kruis een enorme brandende kaars. We herkennen hem ook in de etalage van een wonderlijke winkel waar men Griekse amphora's en oudheden uit het Egypte van de farao's kan kopen. Wat hij daar met zijn band speelt weten we ook,

'Gone are the days', 1988.
linnen, 150 x 110 cm
particuliere collectie.

want de winkel is er naar vernoemd: 'Important words'. Jean Thomassen was in 1971 erg getroffen door de plotselinge dood van 'the black leather rebel' en hij maakte een intrigerende tekening die werd geplaatst in het obscure muziekblad *Rockville*. Het kreeg een vervolg in de vorm van enkele aanbiedingen om platenhoezen te tekenen voor 'Redita' 'White label' en 'Collector'. Deze kleine maatschappijtjes brachten illegale platen uit van Billy Lamont, Mickey Hawks and the Nightraiders, Teddy Redell en Johnny Carroll.

Op de muren van de huizen in dit schilderij lezen we titels van klassiekers als: 'Long Tall Sally', 'I got a woman' en 'Sittin' on top of the world'.

'Dit schilderij gaat uitsluitend over muziek' vertrouwde de maker mij toe. En het wordt dan duidelijk dat een enorme lucifersdoos verwijst naar 'Matchbox' van Carl Perkins en dat de apen verwijzen naar het nummer 'I go ape' van Neil Sedaka. Niets is wat het schijnt. Als we hier een potlood in de lucht zien heeft dat te maken met Elmore James die 'I write your name in the sky' vertolkte.

Er zou een dik boek geschreven kunnen worden over één werk van de schilder als we precies zouden moeten beschrijven wat er op staat en als we het willen determineren.

Toch is juist dit doek bijzonder belangwekkend om achter de symbolentaal te komen van de maker. Natuurlijk blijven er onbeantwoorde vragen als: waarom dreigt een boot gevuld met sinaasappelen, bramen en aardbeien ten onder te gaan tegen het uit het water oprijzende lichaam van zijn geliefde model? Important words? We kunnen ze lezen links op een huis, of is het een letterbak? Daar lezen we wat er zo belangrijk is en wat ons getoond wordt.

Een dikke vis (vis met kanker), een pak visgraten (vis zonder kanker), een groepje idiote types (kunstcritici), een meneer die zich heeft opgehangen (onbekende schilder), een doodshoofd bij een palet (beroemde meester) en een gezicht dat in elkaar gedrukt lijkt te worden (dear one).

Zoals alle schilderijen bevat ook dit werk biografische elementen. 'Wat moet ik mij voorstellen bij een bloempot met een bloemetje op schoenen?' vroeg ik de maker. Bloemetje bleek de naam van een bekende mevrouw in Den Haag die in de jaren 60 werd vermoord. Waar ze haar bijnaam aan dankte is niet bekend.

De toren van Babel

'Toren van Babel'
doek, 150 x 110 cm.
gesigneerd r.o.
particuliere collectie.

Breughel's beroemde schilderij was in 1990 de inspiratiebron voor dit absurde meesterwerk waarin Thomassen zich ontpopt als een boeiend verteller die kans ziet de hele wereldgeschiedenis samen te smelten in een krankzinnige toren. Het schilderij laat zich lezen als een stripverhaal. Dat verhaal begint links onder met de megalitische tempels uit Engeland. Voor de niet geschoolde toeschouwer heeft de maker de naam erbij gezet: Stoned Hengst dus! Eraan vast gebouwd is een fraaie Egyptische tempel, annex snackbar waar u terecht kunt voor een broodje nijlpaard dan wel mummie, geserveerd door de eigenaar D. Beale. Een Grieks-Romeinse tempel met de tekst 'Nemo Ignavia Pleuris Immortalis' besluit de onderste bouwlaag. Er bovenop zien we middeleeuwse vestingmuren zoals we die kennen uit Istanboel; een farao met twee kersen op zijn bagagedrager fietst kalm naar beneden. In één van de muren is een zeer corpulente dame ingemetseld, volgens het bijschrift de 'Feeneus van Mielo'; het gaat hier klaarblijkelijk om het Koekenheinmuseum waar de ingang voor zombies rechts om de hoek is.

Op de volgende verdiepingen worden de bouwlagen steeds moderner om boven in de wolken te eindigen met een soort lucifersdozen waarin angstige mensen zijn gepropt. Links in de lucht is iemand naar beneden gesprongen omdat het hem teveel wordt.

Achter in het lege landschap is een atoombom ontploft. Het meest intrigerend zijn de bezoekers van de toren van Babel, die volgens het informatiebord gisteren geopend is en 112 % entree kost. Een rat bij de slagboom heeft net een bus van Nippontours doorgelaten met reizigers die Europa in een uur bezoeken. De bus is afgeladen met Japanners die foto's maken, want zij bekijken thuis wat ze tijdens hun vakantie niet konden zien omdat ze aan het fotograferen waren. Voor de slagboom herkennen we Marilyn Monroe met links voor haar de tragische schilder Kalmakoff die berooid, verguisd en bestolen in alle eenzaamheid in Parijs stierf. We ontwaren Boeddha en Jezus aan het kruis en zelfs een fraaie Egyptische Prinses met naast haar een stoere samoeraikrijger die zich heeft uitgedost met een kapotte schaar en een elektriciteitstekker in zijn hoofdtooi.

Overal zijn er spandoeken met bizarre cynische teksten. Zo eist de nucleaire fanclub een Hiroshimarevival en kunnen we lezen dat God ons radioactiviteit schonk en dat we die dus ook moeten gebruiken! Wilt u op reis? Pleeg dan zelfmoord!

Een scheeuwende niksnut toont ons brutaal zijn vork met daarop een oog dat hij zojuist uit het hoofd van een chimpansee heeft geprikt! De boodschap van de schilder is duidelijk: een afkeer van de mensheid, een afkeer die we ook kennen uit de geschriften van Plato, die hij ongetwijfeld gelezen zal hebben. De wereld zou prachtig zijn zonder mensen. Zij zijn een gevaar voor de dierenwereld en gelukkig ook voor zich zelf!

De massa verheerlijkt de tragisch gestorven beroemdheden, de hard schreeuwende gekken. Ze lopen met spandoeken waarvan ze de teksten niet begrijpen of kijken naar kunstwerken waar ze de naam niet eens van kunnen spellen. Ze vereren leeglopers die alleen maar profiteren van hun onwetendheid en onbenul om hen lichter te maken. De les die we van de geschiedenis leren, is dat we er nooit iets van zullen leren. Zo lang er mensen zijn zullen er oorlogen heersen en zal er hongersnood zijn; het paradijs zal alleen bestaan als dat ene ras, de mens, voorgoed van deze planeet weggevaagd is.

Zelfportret

Van Rembrandt rest ons een grote hoeveelheid zelfportretten die ons accuraat informeren over het verouderingsproces van zijn gezicht. Van Thomassen kennen we gelukkig maar enkele zelfportretten; ze laten bij de toeschouwers een hoogst onaangename indruk achter!

Het vroegste zelfportret dateert uit 1972. De kunstenaar heeft zich te oordelen aan de spiedende blik, die zo kenmerkend is, uitgedost en zich door middel van een spiegel naar de natuur geschilderd.

Twee jaar later ontstond het tot nu grootste portret waarop we hem achter een soort tafel zien loeren met een blik van: 'Wat moet je? Heb ik soms wat van je aan?' Hij zit

Zelfportret, 1972.
linnen/olieverf, 20 x 25 cm.
particuliere collectie.

Zelfportret, 1974
linnen, 70 x 60 cm.
collectie kunstenaar.

Zelfportret, 1976
koper/olieverf, 6 x 9 cm.
particuliere collectie, New York.

Zelfportret, 1994
miniatuur, 3 x 6 cm.
Vandersloot collectie.

Zelfportret, 1990
marouflé, 18 x 24 cm.
collectie kunstenaar.

voor een kille marmeren wand zonder doorkijk. Het lijkt een ateliermuur. De schilderdoeken zijn expres omgedraaid voor de beschouwer.
In 1976 schilderde Thomassen een klein koperplaatje vol en óók daar valt het op dat de kunstenaar er wat nonchalant met een penseel spelend opstaat. Hij kijkt langs ons heen.
Ruim 13 jaar verstrijken zonder een echt zelfportret, wel zien we hem als een karikatuur in zijn eigen absurde werken figureren, met zwarte kleding, een donkere bril, lange haren, zoals dat rond de jaren 70 mode was. Dit personage lijkt model te staan voor de schilder van deze tijd net zoals Jan Steen zichzelf aldoor tentoonstelde. Hij was de mansfiguur op bijna alle genrestukken, zonder dat het om een exacte gelijkenis ging. Het werd een type dat de kunstenaar goed kende.
In 1989 ging Thomassen op verzoek van een verzamelaar een paar zelfportretjes maken. Twee ervan betroffen kleine ovale stukjes van circa 4 bij 6 cm. Ook daar valt de loerende blik weer op. Ze behoren geen van allen tot mijn favorieten. Er is echter één uitzondering en deze betreft het recen-

te zelfportret met vier ogen. Hier nu eens niet de kopie uit een spiegel maar een geheel gefantaseerd werk. Na enige minuten zult u de vier ogen niet meer zien en de sensatie ondergaan dat het net lijkt of men een beetje dronken is bij het zien van dit tafereel. Dit is de maker ten voeten uit! Achter hem een gillende farao, links van hem de in ver gaande staat van ontbinding verkerende Egyptische God Bes en op de vloer zijn lievelingsrat. Absurde schilderkunst op zijn best. Het intrigerendst is het jasje dat de schilder aan heeft. Waar zouden ze zoiets eigenlijk verkopen?

'Den Haag met Ridderzaal', 1990.
linnen, 65 x 55 cm.
gesigneerd r.o.
particuliere collectie.

Den Haag met Ridderzaal

In 1990 werd het Noordzeegebouw in Scheveningen in gebruik genomen. Ingenieursbureau Grabowsky schreef een prijsvraag uit in samenwerking met de North Sea Gallery in Scheveningen. Uit de catalogus weten we dat deelnemer no. 566 Jean Thomassen was met dit zeer bizarre schilderij. Het zegt m.i. iets over de jury die klaarblijkelijk goed bekend was met de plaatselijke situatie. Het is dan ook niet verwonderlijk dat dit werk werd geselecteerd tot de paar doeken die op de expositie werden getoond. Waar kijken we naar?

Het is een ongeschreven wetmatigheid dat al deze vreemde werken autobiografische aspecten hebben. Centraal staat een enorme lucifersdoos waarin een gezicht is samengeperst. Klaarblijkelijk gaat het om het Palais de Danse, een befaamde Dansgelegenheid uit de jaren 60 waar als hoogtepunt rond 1967 de Tielmanbrothers met de wereldberoemde Hawaii-gitarist George de Fretes optraden. Er achter zien we, met twee potloden als torens, de Ridderzaal. Daarvoor dat typische stukje Den Haag aan de Prinsengracht. Daar stond eeuwenlang een rij huizen naast het hofje van Nieuwkoop. De schilder herinnert zich er als kind in de etalage een opgezette koe te hebben gezien in de daar gevestigde 'Huidenhandel'.

Die koe leefde voort in muurschilderingen uit de jaren 80 waarin een kunstenaar de opmerking maakte 'Den Haag kouwe kakstad'.

Op de voorgrond typische Haagse figuren. Een man met worteltjes in zijn oren die denkt dat hij de verlosser der mensheid is. Een politicus met een wel erg besmet verleden, te oordelen naar zijn onderscheidingen en de schroef in zijn hoofd. Een echte ADO-voetbalfan met pet en natuurlijk een echte Haagsche schilder met baret, baard en kaars op het hoofd, want hij is op zoek naar inspiratie met een blauwe neus van de drank. Links achterin zien we een hondenhok met een slapende kat. Volgens het bordje er boven gaat het hier om het Catshuis. En onder het van luciferhoutjes gemaakte Bernhardviaduct dat ooit het Haagse Spui ontsierde lezen wij op een bordje dat Duitsers hier hun fiets uit 1945 kunnen inleveren. De gevangenpoort is ook nog zichtbaar, keurig verpakt in kettingen met hangsloten. Rechts achter herkennen we nummer 98: het huis op de Koningin Emmakade waar de schilder zijn jeugd doorbracht en waar zijn vader stierf. We zien een blikje vissen met een verdwaalde ingeblikte ambtenaar. En op een blauw informatiebord lezen we dat Den Haag de stad was van Mata Hari, Blonde Dollie en Jan van Goyen. Overal is graffiti op de huizen gekalkt. Een daklijst links herinnert aan Toko Betawie, een Indische winkel die al decennia lang verdwenen is en werd gerund door één van de leden van de bekende familie Vuyck.

Den Haag werd ontelbare keren door kunstenaars vereeuwigd maar nooit op deze volstrekt originele wijze.

April in Paris

Hoewel men zou vermoeden dat dit schilderij over de Franse hoofdstad gaat, is dat maar ten dele het geval. Wat we hier in werkelijkheid zien is een autobiografische hallucinatie, een registratie van gedachten uit de jeugd van de schilder. We zien hem er twee keer op staan, verscholen achter een zonnebril en met lange haren achter de gesloten ramen van de uitbouw rechts vooraan. De grote huizen op de achtergrond waren bestaande panden in de Haagse van Swietenstraat, die recentelijk zijn gesloopt en waar hij uit zijn atelierraam naar kon kijken.

'Wie over huizen droomt, droomt over zich zelf. De zolder is het hoofd, ramen en deuren zijn vrouw en kinderen, een kelder de voeten en soms ook het verborgene' weet ons een droomboek te melden. Als dat zo is, zijn we dus naar vele zelfportretten aan het kijken. Het huis rechts is van boven tot onder volgestouwd met tubes, schildermateriaal en paletten, zoals het wezen van de maker in zijn geheel door deze spullen beheerst lijkt.

Wat speelt er in zijn hoofd? We kunnen het duidelijk zien: the Tielmanbrothers, een legendarische groep Indo's die de maker ooit in zijn jeugd zag en nog steeds bewonderd. De titel van dit schilderij is ontleend aan een plaat van hen uit 1960. In die tijd was Den Haag het mekka van de Indorock. Een variant van vaak Amerikaanse Rock and Rollmuziek, doorspekt met Country en Hawaii-invloeden. De optredens in de Haagse Dierentuin waren onvergetelijk. In Amerika heette Rock and Rollmuziek oorspronkelijk Catmusic. En de liefhebbers werden spottend Cats genoemd. Op het schilderij zijn de katten ruimschoots aanwezig. Zelfs twee Hap Cats in Dardanella die duidelijk de trekken hebben van Ine's katten Tom Poesje en Piëssie. Maar we kijken naar wat anders: naar de Hap Cats van Robbie Boekholt en Jack van Beek die de vertolkers waren van het nummer Dardanella.

De Haagse Academie die de schilder in de jaren 60 weigerde als leerling, is ook vereeuwigd. We zien artistiek gekleedde dames en heren verlekkerd kijken naar een fraai naaktmodel dat poseert voor hun abstracte klodderwerk. Dat het om het mekka van de schilders gaat kunnen we duidelijk op het pand lezen. De namen van de grote meesters staan er op: Ray Noire, Go Gain, Toloose low trac, Ma Nette, Bo Chez en Rue Pens. Van Manet is trouwens in de achtertuin van de Academie diens beroemde 'Dejeuner sur l'herbe' te zien. Maar wel in de visie van Thomassen. De man rechts heeft een pistool gericht op de naakte dame en klaarblijkelijk heeft zij zich onder dwang uitgekleed. De Academie des Bo's Art verwijst naar Bo Diddley, een zanger, gitarist die ongetwijfeld thuishoort in het Guinnesbook of records vanwege het feit dat er niemand zoveel nummers naar zichzelf vernoemde. Zijn grootste hit is 'Bo Diddley is a lover, Bo Diddley is a Gunslinger, Bo's bounce' en vul maar in... Het toppunt van ijdelheid of gewoon domheid? Is dit wat de maker vindt van de Academie in zijn woonplaats? Ook dit imposante doek is weer doorspekt met de meest absurde graffititeksten: 'Skitzo's are coming!', 'Demented rules the world', 'War means fun', 'Clubfoot kicks back'. Op een groot groen sardineblik kunnen we lezen dat de inhoud bestaat uit 'Hammer crushed Napoleons in brandy, freshly murdered'. Maar het schilderij gaat ook over

Parijs. We zien de Eiffeltoren op lucifersdoosjes en een tweede keer rechts vooraan als een ei vol torren. Ernaast staat een stoel met daarop een visgraat en de vermelding 'Père la Chaise'. Dat het om Parijs gaat mag verder blijken uit de vele kaarsen die in de lichtstad branden en we zien Musee Guimet, Drouot en het Trocaderohotel waar de maker, geabonneerd op idiote situaties in de jaren 80, een nacht verbleef. Het hotel was net aan het renoveren en alle vloeren waren er uitgebroken. Over planken lopend moest hij zich een weg naar zijn kamer banen. Ratten en verftubes meende hij op het terras te zien.

Het uiterst opmerkelijke doek behoort tot één van de favoriete werken van de maker. Het dateert uit 1989 en werd nooit gepubliceerd of geëxposeerd. Op het dak links vooraan is een palet te zien met kloddersverf. Er staat 'Pallet de l'artiste' op en een wat ongebruikelijke signatuur van de maker.

'April in Paris', 1988.
linnen/olieverf, 150 x 100 cm.
gesigneerd in palet.
collectie kunstenaar.

28 x Rembrandt

Toen er sprake was van een komend Rembrandt-jaar inspireerde dat bericht de kunstenaar tot het maken van dit uiterst curieuze schilderij. Er werden 28 werken van de beroemde 17de-eeuwer op volsterkt ludieke wijze uit hun context getrokken zonder afbreuk te doen aan hun oorspronkelijke karakter. Wie b.v. het Joodse bruidje links vooraan omkadert en de omgeving weglaat, ziet gewoon het bekende joodse bruidje en niet het stelletje dat nu langs een gracht lijkt te slenteren. Rechts herkennen wij de bekende Nachtwacht, of liever het korporaalschap van Banning Cocq. Maar ontwaren wij daar niet Hitler die contrabas speelt? Napoleon die een jongetje de gracht in schopt en de schilder zelf met zonnebril en zijn geliefde model Ine tussen dit markante gezelschap?

Achter hen vindt de kruisafname plaats en zien we ook nog de van angst urinerende Ganymedes. Helemaal vooraan staat de oude Anna die een bokje in de gracht lijkt te gaan gooien waar zo juist rondvaartboot Rembrandt voorbij kabbelt, met aan boord de Staalmeesters, Titus met mon-

'28 x Rembrandt', 1989.
linnen, 150 x 100 cm.
gesigneerd r.o.
particuliere collectie.

nikenkap en Bileam gewapend met een enorme penseel waarmee hij de te water geraakte Tobia een genade klap lijkt te gaan geven.

Speciaal voor de toeristen is er een schilderijen-expositie georganiseerd boven het stinkende grachtenwater. We herkennen er het portret van Rembrandts moeder uit 1631, een zelfportret uit 1629, één van de zeldzame landschappen van zijn hand en het fragmentarische restant van de anatomische les van Dr. Deyman en natuurlijk de beeltenis van Jan Six. Boven op de brug staat Mozes de stenen tafels kapot te slaan en fietst Rembrandt voorbij. Klaarblijkelijk heeft hij de paletten achter op zijn bagagedrager niet goed vast gemaakt, want ze waaien weg als vellen papier.

Centraal in dit werk staat een enorm pand waar door een zolderraam een oog ons angstig beloert. In de parterre is een slagerij gevestigd waar wij de Heer Tulp kundig een hand zien fileren die ongetwijfeld in de worst zal worden verwerkt. Zijn vakmanschap wordt gadegeslagen door anatomisch geschoolde heren. Op de eerste verdieping van dit pand hangt buiten een kolossaal schilderij, dat dr. Abraham Bredius ooit cadeau deed en de bekende Griekse schrijver voorstelde uit de oudheid. Een bordje eronder maakt melding van de donatie en de naam van de schrijver: Homorus.

Amsterdam is de stad waar de Rembrandtgekte moet gaan plaats vinden. Waar u verrast zult worden in restaurant Rembrandt met een coupe Nachtwacht of een tosti Staalmeesters.

De oude Amstelstad geniet ook bekendheid vanwege de vele huizen van plezier. Links vooraan zien we een sexclub waar vanavond Saskia de peepshow geeft. Op één hoog zien we voor het raam een ontkleedde lellebel die veel doet denken aan Bathseba maar in deze ambiance niets meer heeft van de serene rust op het oorspronkelijke werk. In de panden ernaast staan twee ontkleedde dames voor de ramen. Ze lijken verdacht veel op Suzanna en Andromeda. We herkennen het huis aan de Jodenbreestraat en de molen van Ruysdael, want de molen waar Rembrandt werd geboren is niet bekend van een afbeelding. Maar het valt te betwijfelen of er in de 17de eeuw ook al sprake was van wiekenmoeheid waar dit exemplaar aan schijnt te lijden.

Dit schilderij is één grote aanklacht tegen het commerciële circus dat tegenwoordig rondom een tentoonstelling ontstaat. Wie de kunstgeschiedenis kent, weet dat er ooit een tijd is geweest dat men Van Rijn maar een matige schilder vond en men Adriaen van der Werf beschouwde als een veel groter talent. De tijd dus dat je Johan Vermeers meisje met parel, nu verzekerd voor vele tientallen miljoenen en verpakt achter kogelvrijglas, kon kopen voor een rijksdaalder, zoals verzamelaar des Tombe een eeuw geleden deed en aan wie het Mauritshuis dit meesterwerk dankt.

Souvenir d' Anvers

In de zomer van 1989 was Jean Thomassen mijn gast in Loenhout. Op een mooie zomerdag brachten we een bezoek aan Antwerpen. De dames in ons gezelschap besloten na beklimming van de enorme trappen van het Museum van Schone Kunsten onmiddellijk beslag te leggen op twee banken in de zaal met grote doeken van Rubens, en hier uit te rusten van de vermoeiende entree. Met Jean liep ik door de enorme zalen en hij wist over al die schilderijen wel iets amusants te melden b.v. dat de schilder Frans Floris alcoholist was en vaak straal bezopen in een greppel langs de weg werd aangetroffen of dat de bijnaam van Joachim Patinier 'de kakker' was, omdat hij in zijn werk vaak mensen schilderde die 'hun gevoeg' deden, en dat ze hier het mooiste werk uit de school van Fontainebleau bezaten. Met bewondering keek hij naar de monumentale doeken van Rubens en ik geloof dat hij erg genoten moet hebben van ons bezoek die middag aan het Rubenshuis. Weliswaar een reconstructie, maar met veel authentieke doeken en memoralia van de grote barokmeester.
Jean, als altijd gegrepen door de antieke oudheid, vond de zaal met oude Romeinse portretbustes het mooist en vroeg mij verbaasd waar de mummie stond? Maar ik kon hem geen antwoord geven op de vraag. Rubens bezat een mummie uit Egypte en deze is waarschijnlijk in zijn geheel vermalen tot bruine verf. Wellicht bedekt het poeder van een oude Egyptenaar nu de mantel van de Heilige Maria of het hout van het kruis van Christus, op één van de devote voorstellingen. 'Souvenir d'Anvers' doet zijn naam eer aan. Het is ons souvenir aan een onvergetelijke dag waarin we naar schilderijen keken.
Het gebruik van oude kunstwerken als inspiratiebron is zeker niet iets van deze tijd. Hoewel Dali de Venus van Milo in glas voor de firma Daum liet kopiëren, voorzien van la'tjes in haar borsten en buik en we ook een opwekkingscène van Lazarus vervaardigd door Rembrandt kennen van Van Gogh was het heel vanzelfsprekend dat ik een Rubens door Jean Thomassen zou zien. Maar hij maakte een Rubens van de Madonna met de papegaai die we nooit eerder hebben gezien…. Een eerste blik doet denken aan een leuk oud werk à la Rubens, maar wie aandachtig de voorstelling bestudeert ontdekt een aantal wonderlijke elementen.
Onder bij de voet van de madonna zien we een muis zijn kop onder haar rok uitsteken, Een gedeelte van haar jurk is vervormd. We herkennen enge gezichten. En we zien Ine's kat Piëssie verbaasd opkijken. Zou dat zijn vanwege de wonderlijke fles naast hem, waarin een eend zit. Je vraagt je net als die kat af: 'Hoe zou die eend in die fles gekomen zijn?' Daar moet volgens mij Jozef óók, in gepeins verzonken, over nadenken. De schilder zien we zelf ook afgebeeld als een soort Don Quichotte van Cervantes met in zijn hand een enorme penseel. Ik ben één van de weinige mensen die de oorsprong van dit schilderij kan begrijpen. Met zo'n bevlogen schilder door een museum lopen is alsof iemand voorleest uit een prachtig sprookjesboek. Het laat een onuitwisbare indruk na waar ik nog lang aan zal terugdenken.

'Souvenir d'Anvers', 1989.
paneel, 30 x 24 cm.
gesigneerd l.o. in pilaar.
particuliere collectie.

Flying saucers Rock and Roll

Het cynisme van de schilder neemt in de jaren negentig ernstige vormen aan. Televisiekijken doet hij zelden omdat hij van mening is dat men de bevolking aan het debieliseren is, met de plaag van domme spelletjes waar intelligente vragen worden gesteld als: 'Wat is de eerste letter van het ABC?' De kandidaat mag 30 seconden nadenken en als men op de tribune het antwoord scandeert, roept hij: 'A', en wint een auto. Voor wie de quiz te snel ging is er de volgende dag een herhaling en voor wie de herhaling niet kon volgen is er zomers een herhaling van de herhaling. Thomassen's werken uit deze periode verdoezelen een gedachte die niet voor iedereen is te volgen. De schilder zou het liefst de werken van oude meesters actualiseren. In de nachtwacht een leuke poster van Pepsi cola

'Flying Saucers Rock 'n'roll'
marouflé, 18 x 24 cm.
gesigneerd.
particuliere collectie.

schilderen en enkele heren eens modieuze sportschoenen aan doen. Helaas is het niet toegestaan ànders dan restoratief aan oude meesters te werken en dus ontstond er een serie oude meesters waarin Thomassen zich kon uitleven.

Wat betreft het bekende melkmeisje van Vermeer speelde een zelfde soort gedachte mee die fabrikanten bewoog om ijskasten aan de Eskimo's te leveren. Electriciteit bij Vermeer dus! Weliswaar zijn de draden kapot, maar het stopcontactje zit in ieder geval goed! De nieuwe tijden zijn immers niet tegen te houden!

Of de muren, die eens zo smetteloos waren, het hebben begeven door gebrek aan onderhoud in drie eeuwen of ten ondergingen aan de aanstormende luchtvloot van dampende gebakken eieren, blijft onduidelijk. We zien rechts achterin het 'Rijksmuseem' verstopt in een sardineblikje. Een verhitte voetbalfan lijkt daar in het geheel geen belangstelling voor te hebben. Hij staat iets te schreeuwen over het achterwerk van Vermeers melkmeisje, dat hem meer interesseert dan het 'Museem'.

De platvloersheid van het hedendaagse leven èn wellicht een eigengereide visie op de Vermeertentoonstelling die in 1996 zal gaan plaatsvinden hebben aan de wieg gestaan van dit paneeltje. Net als op 'Love letters', een absurde visie over een Vermeerschilderij. De titel schijnt ontleend te zijn aan het grote doek getiteld 'Amsterdam', waarop wij links vooraan op een reclamebord een pagina zien van *De Telegraaf* met daarin het bericht dat er Rock and Roll vliegende schotels zijn waargenomen en dat het nieuws zich verspreidt als een olievlek.

Dat de schilder op een andere golflengte zit dan de doorsnee Nederlander is wel duidelijk. Hij vertelde eens 'prettig gestoord' te zijn. 'In mijn vak is dat een groot voordeel, dan kun je er iets positiefs mee doen', meende hij.

Crying cherries

Natuurlijk herkennen we hier Rembrandt's 'Danae', een meesterwerk uit 1636 dat we nu in de Hermitage kunnen bewonderen. Hier is ze verworden tot een lichtekooi die een fles drank heft en lijkt te proosten op zwarte Piet en een Huzaar, die opgewonden haar naakte lijf bewonderen, dat lijkt te worden opgeslokt door een octopusachtig laken. In het wijdse landschap schijnen de bergen te zijn samengesteld uit verwrongen gezichten, die we ook in de pleisterkalk terugvinden en ook onder het bed. Zijn dit de vlees geworden nachtmerries van een aan drugs en alcohol verslaafde kunstenaar, die zijn imaginaire angsten op het linnen de vrije loop laat? Staat daar niet Rembrandt? Bekend van het schilderij uit 1628. Zijn linkervoet is voorzien van een schaats en de rechter, is, net als de schilderezel, voor de zekerheid vastgespijkerd. Rembrandt is slechtziend geworden en draagt dus een bril. Op zijn hoed branden lekkende kaarsen die het hem mogelijk moeten maken in deze donkere dagen te schilderen. Er schaatst een tafeltje door het grasveld van Rembrandt's peepshow, waar u 5 cent berekend gaat worden voor het gluren.

Thomassen is de laatste jaren geslotener geworden. Een duidelijke 'Loner' zoals de Engelsen dat zo pakkend noemen. Dit soort idiote voorstellingen hebben niets meer uitstaande met een bepaalde beweging of groepering. Het enige aanknopingspunt is de soms surrealistisch aandoende behandeling van het onderwerp.

Wat de verzamelaars van zijn werk vooral bezighoudt, is de vraag waar dit gaat eindigen. Een kwart eeuw schilderen leverde de maker uiteindelijk erkenning en roem. Hij hoeft niet van de honger te creperen, integendeel, maar genieten van de vruchten van zijn inspanningen zal hij niet. Bezeten als hij is om al zijn resterende tijd nuttig te besteden met het vastleggen van al zijn ideeën.

Het grootste compliment dat hij ooit kreeg was van een bekende kunstcriticus die voor zijn schilderijen stond en opmerkte: 'Als ik voor uw werken sta is er maar één ding wat mij bezighoudt; wat zou ik hier in godsnaam over moeten schrijven?' De schilder schijnt hem te hebben geantwoord: 'U moet helemaal niks over mijn schilderijen schrijven, ze zijn om naar te kijken'. Op 'huilende kersen' kunnen we met de beste wil van de wereld geen zinnig verhaal ontdekken of het dusdanig ontleden dat we iets begrijpen van de gedachtengang of motieven van de maker. Het fascinerende paneel blijft de toeschouwer boeien; waarschijnlijk omdat het onze logica verstoort.

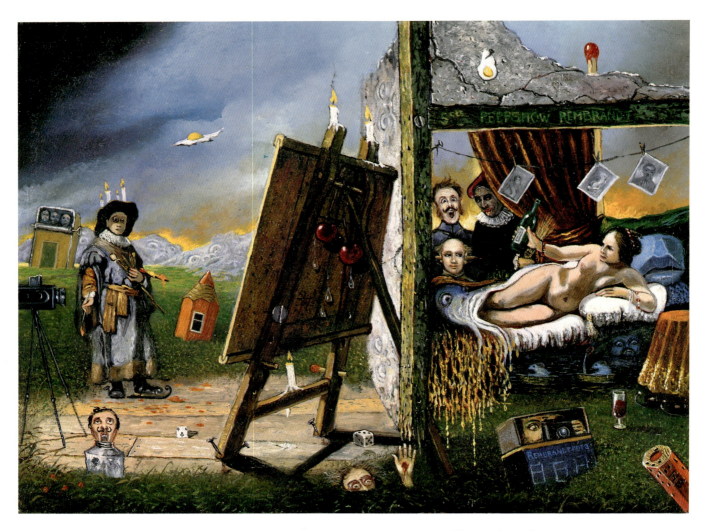

'Crying cherries'
marouflé, 18 x 24 cm.
gesigneerd op schildersezel.
particuliere collectie.

Skitzo's are coming

Het lijkt in eerste instantie op een klassieke voorstelling met daarop de verzoekingen van de Heilige Anthonius, die wij altijd biddend afgebeeld zien in gezelschap van een schaars geklede verleidelijke vrouw die graag de liefde met hem zou bedrijven. Maar de toeschouwer met enige parate kennis van de kunstgeschiedenis herkent hier onmiddellijk een jeugdwerk van Rembrandt in dat wij kennen onder de titel 'Tobias en Anna'. De voorstelling is op het oorspronkelijke werk natuurlijk iets minder absurd. U zult er te vergeefs zoeken naar de koffiekleurige exotische half ontklede schoonheid die hier een huladans doet met een enorme grote fles in haar handen, waarin een angstig gezicht iets schijnt te schreeuwen. Zou het de ziel van de fles zijn? Wat Tobias aan het doen is, blijft een beetje onduidelijk; misschien hallucineert hij. In ieder geval leest hij vreemde boeken. Bij zijn voet zien we een biografie van Donatien de Sade. En in

'Skitzo's are coming'
marouflé, 18 x 24 cm.
gesigneerd onder kaars op lucifersdoos.
particuliere collectie.

zijn kast staat de Grimoire Dragon Rouge, een zeer berucht boek uit de 17de eeuw. De titels zijn pijnlijk nauwkeurig geschilderd, en ondanks het beperkte formaat van dit werkje duidelijk leesbaar.

Een ander boek draagt de titel 'Rembrandtskitzo's'. De boekenkast is verder gevuld met enorme raadselachtige aardbeien. Een plank lager zien we gezichten. Achter Tobias is een onbekende in de tuin bezig om met een enorme hamer een spijker door het hoofd van de biddende man te slaan, zoals we dat kennen uit griezelfilms met Dracula, waar het meestal om houten staken gaat.

Waren er vroeger nog logische verhalen te destilleren uit de voorstelling, begin jaren 90 worden de werken warrig en volkomen onbegrijpbaar voor de toeschouwer. 'Skitzo's are coming' is een graffiti-tekst die ontleend is aan het lievelingsdoek van de schilder getiteld 'April in Paris', maar ook daar is het niet duidelijk wat er met deze zin bedoeld wordt.

De maker zien we er zelf ook weer op. Hij is verborgen in de mond van een vampierachtig wezen dat gevormd wordt door de rok van de huladanseres. Hij staart naar de vlam van een brandende kaars. De verf is er dik opgelegd, iets wat heel kenmerkend is voor recente werken. De schilder schijnt de neiging te krijgen veel kleuriger te gaan werken en te spelen met de structuur van het materiaal.

Zowel dit werk als 'Crying Cherries' ontstonden in de periode dat '28 x Rembrandt' werd vervaardigd. Vaak zijn kleinere formaten een uitprobeersel voor een groot werk: hier is echter afgeweken van die regel. Deze panelen zijn niet schetsmatig en uiterst nauwkeurig uitgewerkt.

Love letters

'Love letters', vermoedelijk 1993
marouflé, 18 x 24 cm.
gesigneerd achter op stoel.
particuliere collectie.

Waarschijnlijk heeft de maker in verwondering gekeken naar dat bekende schilderij in het Amsterdamse Rijksmuseum waarop Johannes Vermeer een meisje schilderde in een blauw jak dat een brief staat te lezen. We weten niet wie ze is en ook niet wat er in haar brief stond.

We kunnen zien dat ze in verwachting is. Zou het een afscheidsbrief zijn? Of gewoon een liefdesbrief van haar echtgenoot die elders is.

In afwachting van de komende Vermeergekte deformeerde Thomassen ook deze oude meester. Hij toont ons een variant waarover die brief zou kunnen gaan. Twee geliefden hebben ruzie en gaan elkaar als scherpe scharen te lijf.

Kunstenaars zijn allemaal ratten, vandaar dat we een kunstenaar met rattekop en gewapend met een enorme penseel de lange weg naar de horizon zien bewandelen. Hij droomt van grote paletten met enorme hoeveelheden verf in alle kleuren, ook het dure vermiljoen en het kostelijke Koningsgeel. In de verte doemt een Egyptische pyramide op, het symbool van de onpeilbare geheimzinnigheid van raadsels die we nooit zullen oplossen en ons altijd zullen blijven fascineren.

Maar wat is de bedoeling van zo'n enorme aardbei op de bekende stoel van Vermeer die, gezien zijn ouderdom, maar met twee enorme schroeven is verstevigd?

We zullen het nooit weten. Het blauwe, wat kille jak is ook hier erg overheersend aanwezig; de rok eronder is verteerd en groen uitgeslagen. Door een enorm gat lijkt de schilder ons aan te kijken en hij draagt, zoals zo vaak, een donkere zwarte bril om elke emotie te verbergen.

Oude meesters inspireren ook nu nog. Misschien heeft het te maken met hun tijdloze onderwerpen. Liefdesbrieven zullen altijd gelezen worden. Misschien dat de brief verdwijnt en hiervoor een print uit een computer komt of een brief op een beeldscherm. Vrouwen zullen altijd in verwachting zijn zolang er mensen bestaan.

Winter in Amsterdam

De Hollandse schilders zijn beroemd om hun wintergezichten die meer dan drie eeuwen werden vervaardigd. Uitschieters waren Hendrik Avercamp in de 17de eeuw en Andreas Schelhout, Leickert en Spohler in de 19de eeuw. In die traditie bezien is dit wel de meest absurde winter die ooit werd vervaardigd! Maatschappijkritisch, gedetailleerd registrerend als een fotograaf, maar wat zien we in werkelijkheid? Het lijkt op een verward kinderverhaal, een kleuter die de boel verhaspelt en het heeft over de kersboom in plaats van de kerstboom. De boom met kersen staat er links keurig op. In een oud pandje, waarin een ijssalon is gevestigd en een gezelschap heren van de schutterij al eeuwen in het niets lijkt te turen. In het huis ernaast zien we in het uiterst smalle pand een afhaalchinees. De verdieping erboven is dichtgetimmerd en op de woonlagen erboven lijkt men te gokken, te oordelen naar de speelkaarten die als raambedekking dienen. Op de bovenste verdieping is pension Istamboel gevestigd waar het tot het plafond is afgeladen met huurders.

'Winter in Amsterdam'
linnen, 150 x 100 cm.
gesigneerd?
particuliere collectie.

Het pand er naast kennen we van nog twee andere werken van de schilder. Het is een beroemd huis op de Brouwersgracht. In het linker onderraam is heel geraffineerd de 'Liefdesbrief' van Vermeer verwerkt. Het blijft raadselachtig wat de naakte dame op 3 hoog staat te doen met die enorme lange armen die ladders vasthouden. Om de hoek hebben kinderen een sneeuwpop gemaakt en zingen voor een mevrouw die naast Bakker Pool woont. In het pand helemaal rechts zien we op de zolder een raam zonder glas. Hier werkt een schilder aan een portret. Het lijkt een zelfportret anno 1972.

Beneden is de firma Moos van Cleef gevestigd. De maker kan de Joodse firma niet gekend hebben die in de jaren 30 beroemd was om het etaleren van enorme vissen in de etalage aan de Weesperstraat. Moos van Cleef is ongetwijfeld (met zijn familie) in de Tweede Wereldoorlog in een concentratiekamp overleden, want na de oorlog was de firma verdwenen. Een foto die de maker zag... een beeld dat ergens opgeslagen zat in de computer van zijn hersenen. Het moet over de jaren 30 gaan bij Moos van Cleef want we lezen op een aanplakbiljet op de deur over Anna Pavlova. Zou het Anna Pavlova zijn die rechts vooraan staat met een meneer die vaag doet denken aan Victor Dandré, haar manager? Op het ijs gebeuren hele wonderlijke dingen. We zien links vooraan een actiegroep die protesteert met spandoeken en borden tegen de winter. Vooraan loopt een jongetje met een emmertje op zijn hoofd en een plastic schepje, gevolgd door een groep rare creaturen al dan niet in badkleding en voorzien van spanborden.

Helemaal links staat een meneer die verdacht veel lijkt op de in 1959 overleden zanger Buddy Holly. Op het ijs zien we een gemene hond hard blaffen bij een blik omgevallen etensresten. Een zeer boze zwaan lijkt hem te willen beroven van zijn lekkers. Erachter staat een verlaten sleetje met een kindje er in; volgens de graffiti is het een aanbieding. Rechts in de gracht ligt de poezenboot waarin we de koppies herkennen van Tante Betje, Mixie, Puppie, Fluwijntje, Piëssie, Katerbeertje en Tompoesje, de troetelkinderen van Ine.

Curieus is de enorme boom waarin wat kauwen zitten. Niet vanwege het feit dat er veiligheidspelden en paperclips in hangen, maar vanwege de raadselachtige knoopjes die bedoeld lijken om de schors dicht te maken. Een merkwaardig effect werd bereikt met de duizenden kleine sneeuwvlokjes, die men van heel dichtbij kan waarnemen en van ver af in de omgeving verdwijnen zoals dat gebeurt bij een enorm vergrote krantenfoto.

Flophouse with buttons

In een keurig woordenboek zal men tevergeefs zoeken naar het woord 'flophouse'. Het is een aanduiding in 'slang', een Amerikaans dieventaaltje, waarmee men een slaapplaats bedoelt, te vergelijken met de overnachtingsaccomodaties die het Leger des Heils hier te lande beschikbaar stelt voor mensen zonder vaste woon- of verblijfplaats. Ons flophouse lijkt verdacht veel op een woning die we kennen van een schilderij van Van Ostade, maar bij die ene constatering houdt verder alle overeenkomst op. In de tuin van dit huis is rechts de grafkelder van Toetanchamonia te zien. De schilder is dol op woordgrappen en verhaspelt regelmatig namen en begrippen. Een jonge vrouw, verzonken in een enorme lucifersdoos, maar ook in haar bordspel dat het midden houdt tussen 'mens erger je niet' en het oud-Egyptische Senet wat zo geliefd was ten tijde van de farao's, schijnt na te denken over de zet die ze moet doen met haar enorme pionnen. Ze heeft geen oog voor het enorme blik met 'Rembrandt's gekkehuis'

'Flophouse with buttons'
linnen, 40 x 50 cm.
gesigneerd onder raam.
particuliere collectie.

van waaruit de oude meester haar verwrongen begluurt. Aan de sleutel van het opengedraaide blik hangt een met een wasknijper bevestigd gebakken ei.

Het oude Egypte blijft óók in vrij recente werken zichtbaar aanwezig. Zo zien we twee van de Egyptische pyramides onder het bordspel. 'Little Egypt' staat er in graffiti bijgeschreven voor de toeschouwer die geen notie zou hebben van deze oeroude vorm. Het spel is een kunst zoals kunst ook een spel is, lijkt het. Om dat te illustreren zijn twee paletten vastgeschroefd aan de rand van het speelbord.

Het flophouse heeft zijn beste tijd gehad. De houtworm lijkt er een paradijs te hebben gevonden; ruitjes zijn gesneuveld, de duivehokjes zijn leeg en de enorme rattekop schijnt hier te duiden op het verval en niet op de band die er bestaat tussen de schilder en deze knaagdieren want eerder zagen wij zijn lievelingsratten op vele werken figureren.

De knopen die op één flophouse zijn genaaid hebben misschien te maken met wat men daar doet; zich omkleden of ontkleden om zich te rusten te leggen. Maar dat schijnt hier niet zo te lukken. Uit het raam kijkt een zeer verstoorde man boos naar buiten van waar al dat lawaai schijnt te komen. De fraaie blote juffrouw keurt hij geen blik waardig.

Surrealisme is de verbeelding van onderbewuste droombeelden en daar past dit werk van Thomassen prachtig in. Fraaie donkere en warme kleuren versterken het effect van deze merkwaardige voorstelling.

Het Markiezenhof

Kosten noch moeite werden gespaard om het paleis van de markiezen van Bergen op Zoom voor het nageslacht te bewaren. De restauratie van dit schitterende complex met zijn drie binnenplaatsen kwam in 1987 gereed en is nu het decor voor huwelijksfestiviteiten van jonge bruidsparen.
De bouw begon omstreeks 1485 en zou tot 1525 duren. Ontwerper was Anthonis Keldermans. Het paleis is uniek voor Nederland. Het deed in de Franse tijd dienst als hospitaal voor de troepen van Napoleon en in de jaren 40 van deze eeuw was het een kazerne van het derde Regiment Infanterie. Het complex is veelvuldig inspiratiebron voor fotografen en kunstenaars geweest. Ook Jean Thomassen liet zijn fantasie hier de vrije loop. Zijn versie toont ons een schilderij in een ander en hij ging gewoon verder in de lijst! Dat laatste is er oorzaak van dat om technische redenen alléén het linnen doek kon worden gefotografeerd en niet het gehele kunstwerk. De elementen bruiloft, carnaval en kunst zijn rijkelijk vertegenwoordigd. Zo zien wij een afbeelding van de beroemde Brabantse trouwerij die Pieter Breughel onsterflijk maakte.
Uiteraard wijzigde Thomassen het een en ander in dit meesterwerk van Peer den Drol, zoals zijn bijnaam luidde. Zo zien wij hoe een paar carnavalesque geklede typen een aan zijn penselen gekruisigde kunstenaar oprichten. Zijn kruis lijkt een sleutel geworden die in een slot op straat zou moeten passen. Carnaval? Of heeft het een diepere betekenis? Een grapjas is vermomd als verftube. Links van de ingang zien we een bekroonde praalwagen met als thema: de liefde uit Bethlehem.

'Het Markiezenhof', 1991.
linnen, 120 x 140 cm
(formaat inclusief lijst).
particuliere collectie.

De toeschouwer heeft echter meer oog voor het absurde zelfportret dat de maker in de buitenmuur liet schroeven. Het is geïnspireerd op een recent zelfportret van de kunstenaar waarop wij hem met vier ogen zien. De optische grap lijkt te werken want men knippert met de ogen bij het zien van deze wonderlijke afbeelding.

Op straat zien we nog nèt enkele leden van een muziekkorps bestaande uit Egyptische farao's het beeld uit wandelen.

Er zit veel symboliek in dit ogenschijnlijk volslagen absurde werk. De poort van het museum is een verleidelijke mond geworden, waarin een model naakt poseert. Een enorm groot schilderij zien we langs de ramen naar boven gaan. 'Arbeit macht frei' staat er boven de poort, maar dat was niet deze...het verwijst naar diegenen die hier in 1940 waren en in 1945 zijn omgekomen.

Op dit werk lijkt de kunstenaar als een fotograaf pijnlijk nauwkeurig een momentopname te hebben gemaakt van een tijdsbeeld waarin de diepzinnige beschouwer veel herkenning ontdekt. Met waar cynisme wordt het Nederlandse verschijnsel vastgelegd van de hedendaagse kunstenaar wiens produkten uitwerpselen op straat zijn geworden waar de gemeente een bordje bijgeplaatst heeft met de mededeling 'beschermde kunstroute', maar waar carnavalsgasten over uitglijden.

Een stortvloed van absurde invallen, zo kenmerkend voor Thomassen, zijn ruimschoots aanwezig. De schoorstenen hebben ingemetselde eenden die sigaren roken.

Het Markiezenhof wordt ook nog aangegeven door fel rode zonneschermen en een hof met tanden en kiezen waarvoor de maker even een blik wierp in de spiegel en in zijn eigen mond. Als dit werk geëxposeerd wordt, kunt u ongetwijfeld een klein meisje tegen haar moeder horen zeggen bij het zien van dit schilderij: 'Mammie er gluurt een stoeprand naar mij'.

In de negentiger jaren

In de jaren negentig is het beeldend kunstenares Ine Veen, die met het idee komt een tentoonstelling te organiseren met als thema: ballet. Dit, naar later is gebleken, belangrijkste model in Thomassens oeuvre is inmiddels zèlf actief als schilderes. Haar achter glas verpakte realistische driedimensionale 'kijkdoosschilderijen', waarin allerlei materialen verwerkt zijn zoals: bladgoud, edelstenen, glanzende stoffen enz., zorgden voor een totale leegverkoop bij haar beide solo-exposities die ze in haar woonplaats Heiloo hield. Een opzienbarend debuut in de wereld van de schilderkunst.
Ook op TV zorgt Ine voor opschudding; in AVRO's Service Salon zijn wekelijks bekende schilderende Nederlanders met hun werk aanwezig die voor een goed doel een schilderij beschikbaar stellen. Heel TV-kijkend Nederland kan, door middel van een briefkaart met extra bijgeplakte postzegels, meedoen. Later zou men de grootste trekpleister dan nog eens terugvragen. Dat werd niet Prins Bernhard zoals iedereen verwachtte, maar Ine Veen die zelfs tweemaal werd teruggevraagd om met haar werk op de buis te verschijnen, aangezien dit een sterke fondswervende aantrekkingskracht bleek te bezitten.
Een tentoonstelling over ballet is niet zo verwonderlijk want ooit danste Ine Veen zelf in Duitsland en Monaco, maar Thomassen vond een dergelijke expositie in eerste instantie niet zo'n goed idee. Zou daarvoor wel genoeg interesse bestaan bij het publiek? 'Ballet, dat is tòch Anna Pavlova...? Is die niet in Hotel des Indes in Den Haag gestorven?' vroeg Jean haar.
Deze gedachte werd het begin van hun eerste grote tentoonstelling, waar de pers massaal over schreef en het publiek in grote getale naar kwam kijken. Vóór de opening leek het er echter op dat de expositie onder een slecht gesternte was geboren; de golfoorlog stond op uitbreken! Dit weerhield de Russische en Engelse ambassadeurs er echter niet van om op 23 januari 1991, de 60ste sterfdag van 's werelds beroemdste ballerina, de opening te verrichten en een door Jean Thomassen in opdracht vervaardigd portret van Pavlova te onthullen, dat nu een permanente plaats heeft gekregen in de Anna Pavlovasaolon van het hotel. Tientallen kranten maakten er melding van en er verschenen 6 TV-items over de schitterende expositie.
Anna Pavlova blééf de schilder bezighouden. Alle boeken die over de danseres verschenen waren, werden gelezen en uitgespit en hij ontdekte o.a. dat het haar laatste wens was om ooit te mogen rusten in Russische aarde. Haar as stond echter nòg in Europa!
60 jaar lang was er dus niemand geweest die gehoor aan haar laatste wens had gegeven! Dit was het moment, dat het schilderende duo, Thomassen en Veen, zich in de startblokken zette en een actie startte voor de teruggave van Pavlova's as naar Moskou die nog steeds in Engeland op het crematorium Goldersgreen rustte.
Een nieuwe stortvloed van publiciteit barstte los! Vooral de internationale pers bleek zéér geïnteresseerd in deze opvallende actie en tussen vele interviews door merkte een journalist op: 'Meneer Thomassen, als u nu

'Anna Pavlova and Jack', 1991.
linnen, 50 x 60 cm.
collectie kunstenaar.

zo veel nog niet gepubliceerde dingen over de danseres aan de weet bent gekomen, waarom schrijft u dan zèlf niet eens een boek over haar?'.
Deze opmerking was niet aan dovemans oren gericht. Thomassen schreef het boek *Anna Pavlova, triomf en tragedie van een megaster*, een interessante uitgave, die tevens aquarellen en krijttekeningen bevat die de schilder/schrijver van Anna Pavlova maakte.
Uit de jaren negentig kennen we twee groepen werk; de min of meer traditionele afbeeldingen van Anna Pavlova en de wonderlijke, waar Thomassen zijn fantasie de vrije loop laat. Een goed voorbeeld is Anna Pavlova met haar zwaan Jack in wiens oog we in plaats van een pupil een doodshoofd kunnen zien als voorbode van de hongerdood die de zwaan verkoos toen zijn overleden bazin hem 's ochtends niet meer kon voeren. De handen van de ster vermorzelen een vis die parels uitspuugt. Haar lichaam is vergaan, wat blijft zijn de parels van haar talent.
De herdenkingstentoonstelling is fraai verbeeld in een drieluik uit 1990 waarop we 'Pavlova's zondvloed' kunnen zien. Een mengsel van het oude verhaal over de zondvloed gelardeerd met vreemde absurde invallen waarin Thomassen's verbeelding zo vindingrijk is.

123

Een grote tentoonstelling rond St. Sebastiaan was in 1994 in drie Nederlandse musea te zien. Jean Thomassen was de enige Haagse kunstenaar die er met werk vertegenwoordigd was. We zien hem hier met verzamelaar Vandersloot in 1994 aan de vooravond van de St. Sebastiaantentoonstelling in het Haags Historisch Museum.

Meningen over de schilder

'Een bekende Groninger kunstenaar typeerde de tentoonstelling met werk van Jean Thomassen m.i. heel precies met de vraag: "Mag ik hier kotsen of moet ik dat buiten doen?"'

1977 – Jan Wessels, kunstrecensent.

'Thomassen is een goed schilder want anders zouden zijn vele olieverfschilderijen met stééds dezelfde figuur snel gaan vervelen. Het is duidelijk merkbaar dat hij de materie beheerst.'

1978 – Cees Strauss, kunstrecensent

'Kasteel Amersoyen is te mooi om onder te gaan in deze walm van kitsch. De moerasgassen uit de werken van Jean Thomassen zijn van hun werking niet meer te weerhouden.'

1982 – Paul Kokke, kunstrecensent

'Geen normaal mens kan zulke ziekelijke ideeën schilderen; ik ben er van overtuigd dat een gesloten inrichting op dit moment een patiënt mist.'

1987 – Patrick de Bruyker, kunstrecensent

Over het schilderij Baketaton:
'Elke recensent heeft last van voorliefdes en nog meer van stijlen die hij haat. Het werk van Jean Thomassen werkt op mij als een rode lap op een stier. Alles wat erg is in de schilderkunst wordt hier geëtaleerd, technisch en inhoudelijk demonstreert hij onvermogen in alle kleuren van de regenboog. De patserige lijsten spreken boekdelen. Hoe bestaat het trouwens dat Jean Thomassen wordt vereerd met een pagina kleurendruk in een duur boekwerk? Met Baketaton, een nep Cleopatra.'

1979 – Hendrik van Leeuwen, kunstrecensent

Een anoniem gebleven collega in het West Fries Dagblad schrijft in datzelfde jaar over het zelfde werk:
'In de rol van prinses Baketaton plaatst Thomassen zijn model in een andere tijd; deze surrealistische schilderijen zijn fascinerend mooi, veel symboliek, veel fantasie en schitterende kleuren.'

'I was especially struck by the work of Jean Thomassen. This Dutch artist is proceeding according a forgotten method. Such ridiculous small paintings done so brilliantly with a sable brush which almost requires less than one hair.'

Dr. J. Fitzsimmons, biograaf/verzamelaar

'De schilderijen van Jean Thomassen kenmerken zich door zijn bijzonder rijke kleurenpalet in combinatie met zijn ambachtelijke techniek, die de uiterste perfectie bereikt. Maar vooral munt Jean Thomassen uit door zijn persoonlijke stijl. Zijn schilderijen tonen een bijna magische bekoring en doen mij ontsnappen aan de werkelijkheid van het dagelijks bestaan.'

Gerard Vandersloot, verzamelaar

'Hij legt iets vast alsof het een momentopname was en blijkt over een feilloos optisch geheugen ten aanzien van personen en hun omgeving te beschikken.

Een diepzinnig en ernstig kunstenaar, een schilder óók van mysterieuze composities vol afkeer voor het mensdom. Hij geeft zich buitengewoon veel moeite de mens weer te geven op zijn plaats in het heelal en in de natuur die hem in grootsheid omhullen en in zijn maatschappelijk bestaan waarin hij voortdurend in botsing komt met stompzinnigheid, domheid, onbenul en vlagen van waanzin. Men kan zien hoe deze diep menselijke emoties, die volgens mij de basis vormen voor het wonderlijke karakter van Jean Thomassen, een uitweg vinden in composities waarvan de elementen alle ontleend zijn aan de werkelijkheid en vrijwel altijd afkomstig zijn uit zijn directe omgeving en belevingswereld.

De atmosfeer, de vlijmscherpe kijk op de realiteit, het mysterieuze en de tragiek in zijn werk typeren het wezen van een morbide en zeer ongewone geest van een zeer belangrijk kunstenaar van deze tijd die nog niet de aandacht kreeg van kunsthistorici en museum-directies die hij verdient en zeker in de toekomst zal krijgen.'

Dr. Johan Möger

Literatuur

Op ieder schilderij, Weekblad Deze Week 18.4.1974.
Haagse beeldende Kunstenaars, Staatsuitgeverij 1985.
Jean Thomassen en Ine Veen, weekblad NU, no. 1-1975.
Kunstenaars zien een wijk, Haags Gemeente Museum 1976 (catalogus).
Haagse schilder zeer in trek, Panorama no. 19-1976.
Kunstenaars zien een wijk, Haagsche Courant 22.5.1976.
Kunstenaar zorgt voor afwisseling, Leidschendammer 8.12.1977.
Jean Thomassen, by J. Fitzsimmons, Chiospublishers, London 1977.
The Job Art Collection. Uitgave Gallerie Job Art 1977, Amsterdam.
Bezeten Jean Thomassen bij Job Art, Echo 15.7.1977.
Jean Thomassen tussen glad en goed, P.Z.C. 7.10.1977.
Hommage aan een liefde, Haarlems Dagblad, 7.11.1977.
Unieke tentoonstelling Jean Thomassen, Uitkijkpost 16.9.1978.
Imponerend werk van Jean Thomassen, Noordhollands Dagblad 18.9.1978.
Kitsch van grote klasse, Nieuwsblad van het Noorden 3.11.1978.
Chaotische schoonheid van Jean Thomassen, Dagblad van Westfriesland 8.2.1979.
Maandblad Bres, interview in nummer 79.
Jean Thomassen bij Galerie Stahlecker, Haagsche Courant 12.11.1980.
Jean Thomassen bij Arti Shock, Haagsche Courant 12.11.1981.
Dieven maken schilder leven onmogelijk, Vrije Volk 10.4.1983.
Kunstdieven hebben het voorzien op Thomassen, De Telegraaf 22.4.1983.
Dubbelinterview met Jean Thomassen, Vrije Volk 28.7.1984.
Zwendel met schilderijen, Algemeen Dagblad 6.12.1984.
Gedupeerde kunstenaar Jean Thomassen, Het Binnenhof 7.12.1984.
Kunstschilder woedend, Vrije Volk 5.1.1985.
Dit is pure oplichting, Gelderse Courant 25.2.1985.
Kunstenaar Jean Thomassen is werken kwijt, Noord-Hollands Dagblad 13.4.1985.
Zwendel met werk Jean Thomassen, Elseviers Weekblad 11.5.1985.
De massa is vervreemd van Kunst, Haagsche Courant 29.6.1985.
De massa is vervreemd van Kunst, Noord-Hollands Dagblad 29.6.1985.
Tekenen en schilderen, no.9, september 1986.
Het hedendaagse portret, door Drs. J. Redeker, Uitgeverij Gotmer 1986.
Jean Thomassen door John F. Heijnemans, Uitgeverij Uitkijkpost 1986.
Catalogus International Exhibition of Art, Toronto 1987.
Canadese erkenning voor Jean Thomassen, Posthoorn 19.11.1987.
Ine Veen, een leven vol kunst, door J. Heijnemans, Ambachtshuys 1987.
Catalogus International Exhibition of Art, Toronto 1988.
Kunst en schilderen, ik ben er van bezeten, Dagblad van Westfriesland 4.8.1988.
Zwartgallige kunstenaar wint tòch prijs in Canada, Algemeen Dagblad 20.10.1988.
Canadese Award voor Jean Thomassen, Haagsche Courant 18.10.1988.

Jean Thomassen's internationale carrière, Noord-Hollands Dagblad 2.11.1988.
Rock and Rollherinneringen, door diverse auteurs, Uitgeverij Diwa 1989.
Catalogus International Exhibition of Art, Toronto 1989.
Internationale prijzen voor Jean Thomassen, Noord-Hollands Dagblad 29.12.1989.
Catalogus 9th International Bienale of Bulgaria, 1989.
Jean Thomassen wint prijs in Bulgarije, Nieuwsblad Heiloo 24.5.1989.
Jean Thomassen succesvol op Bulgaars festival, Noord-Hollands Dagblad 20.5.1989.
Jean Thomassen eervol vermeld in Toronto, Nieuwsblad Heiloo december 1989.
The world's who is who, edition 9, Cambridge University Press 1990.
The international Directory, edition II., Raleigh-North Carolina, 1990.
Hedendaagse beeldende kunstenaars, Noordhollandse Uitgeverij 1991.
Sebastiaan, martelaar of mythe, catalogus, Uitgeverij Waanders 1991.
Catalogus 10th International Bienale of Bulgaria, 1991.
Wie is wie in Nederland, uitgave 1994-1996.
Anna Pavlova, triomf en tragedie van een megaster, door Jean Thomassen, Uitgeverij Van Soeren & Co 1995.

Fotoverantwoording

De foto's werden in opdracht van de schilder gemaakt door:
Ab Baart, Heiloo; Kees Blokker, Alkmaar; Tom Haartsen Ouderkerk aan de Amstel; Henk Hilterman, Haarlem; Wim van der Laan, Amsterdam; Michel Meunier, Parijs; Fred Wegenaar, Den Haag; met dank aan Henk van Horssen.